Stephan Sigg

Mein großes Buch zur
Weihnachtszeit

*Christliche Bräuche und Traditionen
vom 1. Advent bis Dreikönig*

Illustrationen von Sonja Egger

HERDER

FREIBURG · BASEL · WIEN

W0179413

Inhalt

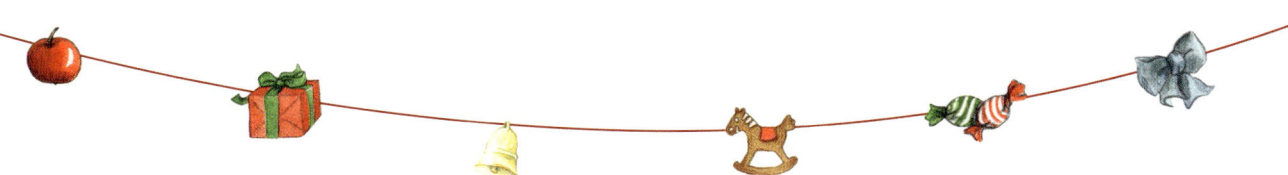

Liebe Kinder, liebe Erwachsene,

der Advent ist eine ganz besondere Zeit: Aus der Küche riecht es nach Plätzchen, die Kisten mit dem Weihnachtsschmuck werden wieder hervorgeholt, die Wohnung wird geschmückt, in den Häusern brennen Kerzen, und es duftet nach Tannenzweigen, Weihnachtslieder und Krippenspiele werden geübt, Advents- und Weihnachtsmärkte ziehen Klein und Groß in ihren Bann, Weihnachtsgeschenke werden heimlich gebastelt und besorgt, die gespannte Hoffnung auf Schnee zu Weihnachten verbindet die ganze Familie … Mit jedem Tag wächst bei den Kindern – aber auch den Erwachsenen – die Vorfreude auf das für viele schönste Fest des Jahres. Und was gibt es Wundervolleres, als sich gemeinsam auf Weihnachten vorzubereiten?

Der Advent ist die Vorbereitung auf Weihnachten, die Geburt von Jesus. Viele Kinder können den Heiligen Abend am 24. Dezember kaum erwarten, unendlich scheint sich das Warten zu ziehen. Und tatsächlich ist die Adventszeit auch im ursprünglichen, christlichen Sinn eine Zeit des Wartens. „Advent" kommt aus dem Lateinischen und heißt auf Deutsch übersetzt „Ankunft". Die Menschen erwarten die Ankunft von Jesus auf der Welt und bereiten sich darauf vor. Darum ist der Advent auch eine Zeit, um sich mit seiner eigenen Sehnsucht zu verbinden und nachzudenken: Worauf warte ich? Wonach sehne ich mich? Auf was hoffe ich?

Auch wenn wir Advent und Weihnachten in unserem Alltag eher als Ende eines Jahres erleben, bevor dann mit Silvester das neue Jahr begrüßt wird – die Adventszeit ist der Anfang von etwas Neuem, denn mit dem ersten Advent beginnt das neue Kirchenjahr. Das Warten auf Jesu Geburt, die Wunder jener geheimnisvollen Nacht sind der Beginn einer neuen Zeit für uns Menschen, die wir jedes Jahr aufs Neue feiern als Zeichen unserer Hoffnung: Gott will den Menschen nahe sein.

Die Geschichten, Ideen, Anleitungen, Rezepte und Lieder in diesem Buch wollen anregen, sich als Familie gemeinsam auf Weihnachten einzustimmen. Sie erzählen vom Alltag in Familien, sie erzählen aber auch mehr über die Hintergründe und Bedeutung der verschiedenen Bräuche, Rituale und Feste, die zwischen dem ersten Advent und dem Dreikönigstag am 6. Januar gefeiert werden.

Ich wünsche allen Familien eine schöne gemeinsame Adventszeit mit vielen Entdeckungen und ein frohes Weihnachtsfest!

Euer Stephan Sigg

Vier rote Kerzen

Als Emily und Felix vom Kindergarten nach Hause kommen, riecht es in der ganzen Wohnung nach Tannenreisig. Schnell ziehen die beiden ihre Schuhe aus und rennen ins Wohnzimmer. Ein Adventskranz steht auf dem Esstisch. Vier rote Kerzen hat er und in das grüne Tannenreisig sind goldene Schleifen eingebunden. Das sieht richtig festlich aus.

„Am Sonntag ist der erste Advent", erklärt Mama, „dann darf einer von euch beiden die erste Kerze anzünden."

Emily betrachtet den Adventskranz neugierig. „Den habe ich heute Vormittag für euch gebastelt", sagt Mama. „Gefällt er euch?" Die Kinder nicken.

Emily hat eine Idee: „Warum zünden wir nicht schon heute alle Kerzen an? Dann sieht der Adventskranz doch gleich noch viel schöner aus."

Mama schüttelt schmunzelnd den Kopf. „Der Adventskranz begleitet uns durch den Advent", erklärt sie, „an jedem Adventssonntag wird eine weitere Kerze angezündet und wenn dann alle Kerzen brennen, ist fast schon Weihnachten"

„Aber das dauert ja noch so lange!", seufzt Felix.

„So lange zu warten ist langweilig", fügt Emily hinzu.

Mama streicht ihr über den Kopf. „Der Advent ist eine Zeit des Wartens. Wir warten gemeinsam auf Weihnachten. Und weil Weihnachten ein so besonderes Fest ist, wollen wir uns gut darauf vorbereiten. Wisst ihr, was wir an Weihnachten feiern?"

Felix, der ein Jahr älter ist als seine Schwester, muss nicht lange überlegen: „Da kommt Jesus auf die Welt."

Mama nickt. „Könnt ihr euch noch erinnern, als uns im Sommer eure Tante aus Amerika besucht hat? Wir konnten es kaum erwarten und haben schon viele Tage vorher angefangen, alles vorzubereiten."

Das hat Emily nicht vergessen: Ihre Mama hat das Gästezimmer vorbereitet und die ganze Wohnung schön gemacht. Dabei hat sie so viel von ihrer Schwester erzählt, dass sie für Emily gar nicht mehr fremd war, als sie endlich ankam. Dann durften die Kinder im Blumenladen einen Strauß kaufen, mit dem sie die Tante am Flughafen abgeholt haben. Emily konnte sich noch genau an das Gefühl erinnern, wie sie jeden Tag ein bisschen ungeduldiger und kribbeliger wurde, wann die Tante endlich ankommt – so sehr hat sie sich auf sie und all die Ausflüge gefreut, die sie miteinander geplant haben.

„Im Advent warten wir ganz gespannt auf die Geburt von Jesus und das Weihnachtsfest", sagt Mama. „Und wenn man ganz ungeduldig auf etwas wartet, dann ist hinterher die Freude über das Fest besonders groß."

„Aber was hat denn ein Adventskranz mit Jesus zu tun?", fragt Felix.

„Als Jesus damals in Betlehem geboren wurde, war er für die Menschen ein Zeichen der Hoffnung und der Freude. Sie bezeichneten ihn als ein Licht, das Helligkeit in ihr Leben bringt. So wie das die Kerzen machen", erklärt Mama.

„Aber eine Kerze alleine schenkt doch fast kein Licht", widerspricht Felix, „da müssten wir doch am besten gleich alle anzünden."

Emily nickt schnell, um ihren Bruder zu unterstützen.

Mama lacht. „Jetzt seid nicht so ungeduldig. Stellt euch vor, es ist total dunkel, ihr könnt überhaupt nichts sehen. Doch plötzlich könnt ihr ein kleines Licht entdecken. Wie in der Nacht, wenn euer Nachtlicht leuchtet.

Bei Tag könnt ihr sein Licht kaum sehen. Aber bei Nacht … So ist es auch im Advent. Wir zünden erst einmal eine Kerze an und spüren: Das gibt Hoffnung, selbst wenn es nur ein ganz kleines Licht ist." Emily nickt und Mama erklärt weiter: „Am zweiten Adventssonntag brennen schon zwei Kerzen und einen Sonntag später drei … Es wird immer heller. Die Kerzen zeigen, dass die Geburt von Jesus mit jedem Sonntag näherrückt und dass er auch Licht in unser Leben bringen möchte."

„Darf ich am Sonntag die Kerze anzünden?", fragt Emily.

„Nein, das mache ich!", ruft Felix sofort.

Emily sieht ihn böse an. Immer muss er sich vordrängeln! Mama hat eine Idee: „Wir werfen eine Münze. Und danach könnt ihr euch an jedem Sonntag abwechseln. So kommt jeder an die Reihe." Damit sind beide einverstanden. „Und dann versammeln wir uns an jedem Adventssonntag rund um den Adventskranz, alle bekommen eine Tasse mit leckerem Punsch, wir zünden die Kerzen an und singen gemeinsam Adventslieder."

Emily freut sich. „Wir haben heute im Kindergarten ein Adventslied gelernt!", ruft sie aufgeregt. „Wir sagen euch an den lieben Advent."

Mama nickt lächelnd und drückte beide Kinder an sich. „Das ist ein schönes Adventslied! Es wird jede Woche um eine Strophe länger und bringt die Vorfreude auf Jesus als das Licht der Welt zum Ausdruck. Wollen wir es gleich miteinander singen?"

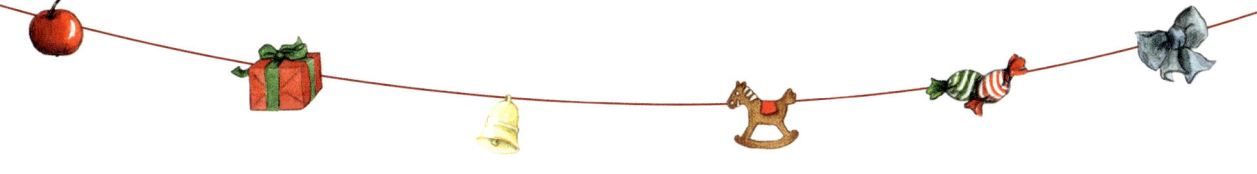

Wir sagen euch an den lieben Advent

F B C F
1. Wir sa-gen euch an den lie-ben Ad - vent.
2. Wir sa-gen euch an den lie-ben Ad - vent.
3. Wir sa-gen euch an den lie-ben Ad - vent.
4. Wir sa-gen euch an den lie-ben Ad - vent.
F Dm Gm C F B C F
Se - het die er - ste Ker - ze brennt. Wir
Se - het die zwei - te Ker - ze brennt. So
Se - het die drit - te Ker - ze brennt. Nun
Se - het die vier - te Ker - ze brennt. Gott
B C F
sa - gen euch an eine hei - li - ge Zeit.
neh-met euch eins um das an - de - re an,
tragt eu - rer Gü - te hel - len Schein
sel - ber wird kommen, er zö - gert nicht.
F Dm Gm C F B C F
Ma - chet dem Herrn den Weg be - reit.
wie auch der Herr an uns ge - tan.
weit in die dunk - le Welt hi - nein.
Auf, auf, ihr Herzen, und wer - det licht.
C F C F
Ref.: Freut euch, ihr Chri-sten, freu-et euch sehr!
Dm F Gm C F
Schon ist na - he der Herr.

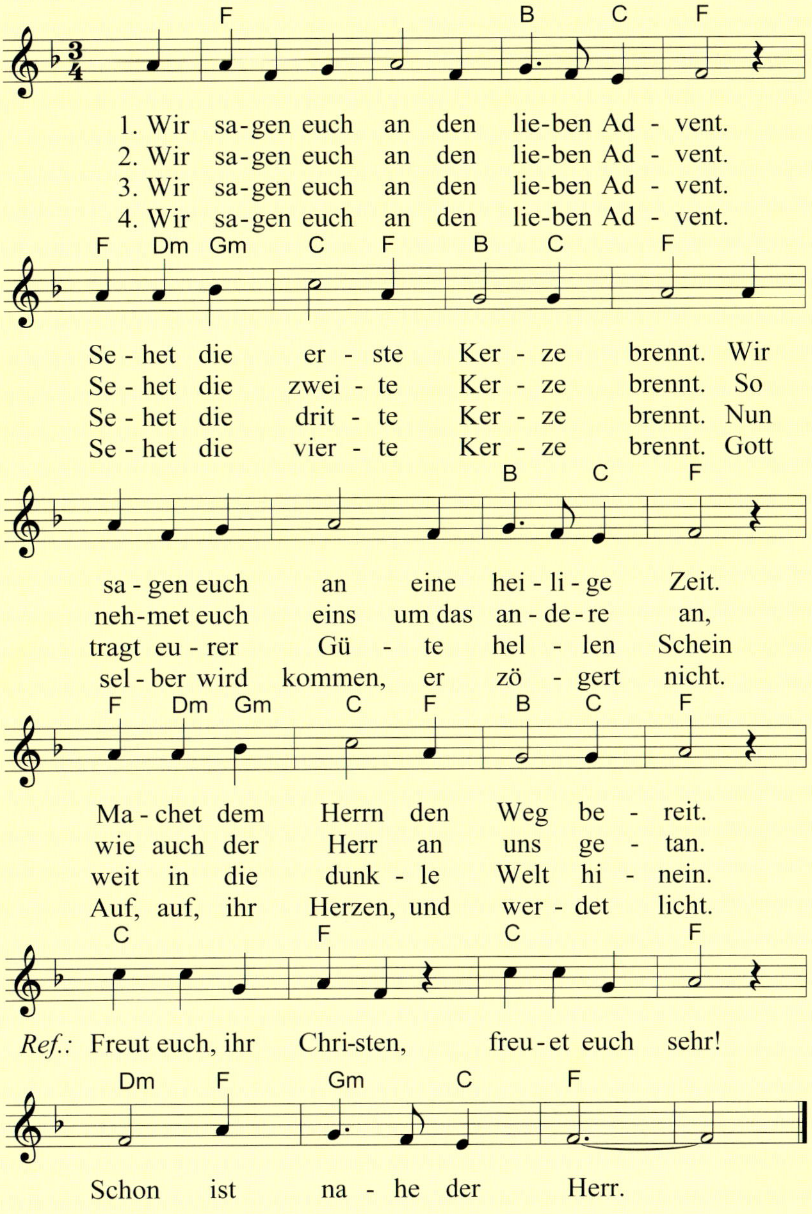

Text: Maria Ferschl 1954 / Melodie: Heinrich Rohr 1954 / © Verlag Herder, Freiburg

Der allererste Adventskranz

Vor vielen, vielen Jahren, im Jahre 1839. In der Stadt Hamburg gab es damals ein Kinderheim für Kinder, die keine Eltern mehr hatten und auch sonst niemanden, der für sie sorgen konnte. Manche Kinder hatten zwar Eltern, doch die waren zu arm, um sich um ihre Kinder kümmern zu können. Der Erzieher Johann Hinrich Wichern hatte es mit der Hilfe von reichen Kaufleuten und Politikern geschafft, das Rauhe Haus – so hieß dieses rettende Heim – zu gründen, damit die Kinder nicht mehr auf der Straße leben mussten. Sie wohnten zusammen mit ihm in einem alten Bauernhaus vor der Stadt. Die Kinder bekamen dort zu essen und durften auch zur Schule gehen.

An diesem Tag nun waren die Kinder im Rauhen Haus sehr ungeduldig beim Essen. Schon seit einiger Zeit verging kaum ein Tag, an dem nicht auf der Treppe, beim Mittagessen im Speisezimmer oder in seinem Büro ein Kind an Johann Hinrich Wicherns Hemd zupfte und ihn fragte: „Wie lange geht es noch? Wann ist endlich Weihnachten?"

Auch jetzt zeigte er auf den Kalender, der im Speisezimmer an der Wand hing. „Der erste Advent ist erst in zwei Tagen", sagte er geduldig.

Doch schon am nächsten Morgen hatten es alle wieder vergessen und es dauerte nicht lange, bis jemand ganz ungeduldig wissen wollte: „Wann kommt denn endlich das Christkind? Wie viele Tage sind es noch bis Weihnachten?"

Am späten Nachmittag dieses Tages spazierte Johann Hinrich Wichern ganz allein durch die dunklen Straßen Hamburgs. Ein kalter Wind wehte ihm ins Gesicht. Jetzt, im Winter, wurde es schon sehr früh dunkel. Nur ein

Der Adventskranz

Der evangelische Theologe und Sozialpädagoge Johann Hinrich Wichern erfand 1839 in Hamburg den Adventskranz, um den Kindern im Rauhen Haus, einem Kinderheim, sichtbar zu machen, wie lange es noch bis Weihnachten dauert. Sein erster Adventskranz hatte Platz für 19 kleine und vier große Kerzen – denn anders als moderne Adventskalender, die immer mit dem 1. Dezember beginnen, begann Wicherns Kranz mit dem ersten Adventssonntag. Je nach Dauer der Adventszeit waren es dann mindestens 18 kleine Kerzen für die Wochentage, die zu den vier großen Kerzen für die Adventssonntage entzündet wurden, maximal 24. 1839, im Jahr des ersten Adventskranzes, waren es insgesamt 23 Kerzen.

Ab 1860 wurde der Brauch dann in der evangelischen Kirche bekannt. In immer mehr Kirchen und Haushalten wurden Adventskränze aus Tannenreisig aufgestellt. Da die vielen Kerzen jedoch zu viel Wärme erzeugten, beschränkte man sich schnell auf vier Kerzen für die Adventssonntage.

Aus dem Adventskranz entwickelte sich später der Adventskalender. Ursprünglich ein reiner Bilderkalender, gibt es ihn heute in allen Ausführungen: mit Schokolade, Süßigkeiten, Spielzeugen und kleinen Geschenken, in Buchform, gekauft oder selbst gemacht. In manchen Orten und Gemeinden gibt es sogar den Brauch, ein ganzes Haus als Adventskalender zu dekorieren: An jedem Abend wird das nächste Adventsfenster geöffnet. Wie beim Adventskranz können auch hier die Kinder hautnah miterleben, wie Weihnachten näherrückt.

paar Laternen erleuchteten den Weg. Johann Hinrich Wichern hatte die Hände in seinen Manteltaschen vergraben und dachte über die Kinder nach. Er musste lächeln, als er an die Ungeduld dachte, die sich die letzten Wochen immer mehr verbreitet hatte. Auch er war als Kind im Advent immer total ungeduldig gewesen und hatte die Tage bis zum 24. Dezember sehnsüchtig gezählt.

Eine vorbeifahrende Kutsche riss ihn aus seinen Gedanken. Zuerst betrachtete er das schwarze Pferd, dann die Räder der Kutsche. Plötzlich hatte er eine Idee. Das könnte die Lösung sein! Warum war ihm so etwas nicht schon früher eingefallen? Er rannte los, bog in eine enge Gasse ein, überquerte einen Platz und gelangte zu einem großen Haus aus roten Backsteinen. Es roch nach Holz und über dem Eingang hing ein Schild, auf dem stand „Schreinerei". Johann Hinrich Wichern klopfte an und betrat eilig das Haus. Er durfte keine Zeit mehr verlieren. Er musste jetzt dringend etwas mit dem Schreiner besprechen. Der konnte ihm hoffentlich helfen, seinen Plan umzusetzen.

Am nächsten Tag staunten die Kinder. Manche waren noch ganz verschlafen, sie rieben sich die Augen und gähnten. Alle standen im Speisezimmer um den langen Tisch herum. Dort lag ein altes Wagenrad aus Holz. Es war so groß wie das Rad der Kutschen, die fast täglich an ihrem Haus vorbeifuhren.

„Ist das ein neues Spielzeug?", rätselten die Kinder.

Johann Hinrich Wichern schüttelte den Kopf. Er war noch immer außer Atem. Am Morgen, als es draußen noch stockfinster war und alle Kinder tief schliefen, hatte er sich früh auf den Weg zur Schreinerei gemacht, um das Holzrad abzuholen. Zum Glück war der Schreiner rechtzeitig fertig geworden.

Die Wartezeit verkürzen

Mit einem Innenkranz aus Stroh, Tannenreisig und Draht lässt sich leicht ein schöner Adventskranz binden, um die Wartezeit auf Weihnachten zu verkürzen.

Dazu das Tannenreisig in kleine Stücke schneiden und als dichte Büschel mit dem Draht um den Strohkranz binden.

Dann kann der Kranz miteinander verziert werden. Der Kreativität sind dabei keine Grenzen gesetzt.

Neben den vier Kerzen können Fundstücke aus der Natur ebenso ihren Platz haben wie Schleifen, Strohsterne, selbst gebastelte Figuren aus Modelliermasse, Duftpäckchen aus getrockneten Orangenscheiben, Zimtstangen, Sternanis und Nelken oder gekaufte Verzierungen. Auch die Kerzen können mit Motivlochern und (am besten zuvor kurz eingefrorenen) bunten Wachsplatten schön verziert werden.

Eine andere schöne Möglichkeit, sich mit Kindern die Wartezeit zu verkürzen, ist ein Adventsweg. Die Krippenfiguren von Maria und Josef machen sich am 1. Dezember mit dem Esel auf den Weg und kommen mit jedem Tag dem Stall ein Stückchen näher. So können sich die Kinder mit ihnen auf den Weg machen.

Man kann den Weg – je nach Platz – selbst gestalten oder durch Tannenzweige, Tücher o. Ä. legen. Sie können aber auch einfach in Abschnitten von der Haustür zum „Weihnachtszimmer" voranschreiten oder auch nur ganz kleine Stücke jeden Tag laufen. Spaß macht es in jedem Fall!

Erst jetzt entdeckte ein kleines Mädchen die vielen Löcher im Rad und begann zu zählen: „Eins, zwei, drei …" Doch irgendwann gab es auf. So gut konnte es noch nicht zählen. „So viele!", stellte es fest. Es waren mehr Löcher im Rad, als es Finger an seinen beiden Händen hatte.

Johann Hinrich Wichern fing an, rote Kerzen in die Löcher zu stecken. Die Kinder durften ihm helfen. Ein größerer Junge, der schon in die Schule ging, zählte mit. Es gab Platz für 19 kleine und vier dicke Kerzen. Doch nicht in alle Löcher kam eine kleine Kerze.

„Neunzehn kleine und vier dicke Kerzen", verkündete er, als alle Kerzen aufgesteckt waren.

Johann Hinrich Wichern lächelte. „Jetzt darf an jedem Tag ein anderes Kind eine Kerze anzünden", erklärte er. „Wenn alle Kerzen brennen, dann ist endlich Weihnachten."

„Aber warum gerade neunzehn kleine und vier dicke Kerzen?", fragte eines der größeren Kinder.

Alle drehten sich zu Johann Hinrich Wichern um. „Heute ist der erste Advent. Darum dürft ihr heute eine große Kerze anzünden. Die kleinen Kerzen stehen für die Wochentage. Bis Heiligabend am 24. Dezember sind es in diesem Jahr genau dreiundzwanzig Tage."

Nicht nur die Kinder im Rauhen Haus hatten Freude an diesem besonderen Rad. Schon bald erfuhren die anderen Menschen in der Stadt von Johann Hinrich Wicherns Erfindung und sie kamen ins Rauhe Haus, um sie mit eigenen Augen zu sehen.

Und die Kinder? Die mussten nun nie mehr fragen, denn sie bekamen alle mit, wie mit jedem Tag eine weitere Kerze angezündet wurde – und mit jeder Kerze, die brannte, wuchs ihre Freude auf das große Fest.

Ein besonderer Kirschzweig

Der Wind pfeift lustig um Linas Ohren. Ihre Mama nimmt sie fest an der Hand. Obwohl es so kalt ist, möchte Mama heute Nachmittag mit ihr durch den Park spazieren. Wie leer alles heute ist! Schon längst haben alle Bäume die Blätter verloren. Die Zweige sind total nackt. Keine einzige Blume blüht mehr. Auch von den Vögeln, die hier sonst so vergnügt zwitschern, ist weit und breit keine Spur. Lina und Mama sind auch die einzigen Besucher im Park. Nicht einmal Hundebesitzer sind mit ihren Hunden unterwegs. Vor einem Baum bleibt Mama stehen.

„Das ist ein Kirschbaum", erklärt sie. „Kannst du dich noch erinnern, wie viele Kirschen im Sommer an seinen Zweigen hingen?"

Lina nickt. Im Sommer haben sie viele Nachmittage hier verbracht. Sie haben mit dem Ball gespielt und manchmal haben sie es sich im Schatten des Baumes auf einer Decke gemütlich gemacht und Mama hat ihr aus einem Buch vorgelesen. Jetzt sind nur die dünnen Ästchen des Baumes zu sehen. Linas Mama greift in ihre Tasche und zieht eine Schere hervor. Damit knipst sie vorsichtig drei Zweige ab und steckt sie ein.

„Die nehmen wir mit nach Hause", sagt sie.

Lina schaut sie mit großen Augen an. Was hat sie mit den Ästen vor?

Zu Hause füllt Linas Mama eine Vase mit Wasser. Lina darf die Zweige hineinstecken.

„Das sieht aber langweilig aus", mault Lina. Warum haben sie nicht im Blumengeschäft einen schönen Strauß gekauft?

„Diese Zweige erinnern an die heilige Barbara", erklärt Mama. „Sie lebte vor über tausend Jahren. Barbara war Christin und vertraute ganz fest auf Gott. Dabei war das damals nicht ungefährlich. Denn es war verboten, an unseren christlichen Gott zu glauben. Wer erwischt wurde, wie er einen Gottesdienst feierte oder betete, wurde ins Gefängnis gesteckt. Auch Barbara wurde eines Tages entdeckt und verraten – von ihrem eigenen Vater, der nicht an unseren Gott glaubte. Die Soldaten nahmen sie fest und brachten sie zum Gefängnis. Doch auf dem Weg dorthin verfing sich ein dürrer Zweig in ihrem Kleid. Sie hob den Zweig auf und nahm ihn mit in die Zelle. Dort stellte sie den Zweig ins Wasser. Und nach einigen Tagen, genau an dem Tag, an dem die heilige Barbara umgebracht werden sollte, geschah etwas Wundervolles: Der Zweig begann zu blühen. Als die heilige Barbara das sah, freute sie sich sehr. ‚Diese Blüten sind ein Zeichen Gottes!', rief sie. ‚Er will mir damit zeigen, dass er bei mir ist und mich nicht alleine lässt.' Auch die Wärter staunten. Auf einmal war Barbara nicht

Es blüht mitten im Winter – Die heilige Barbara

mehr so traurig. Sie spürte ganz deutlich: Gott hilft mir und weicht nicht von meiner Seite. Ich muss keine Angst haben. Seither stellen Menschen auf der ganzen Welt am 4. Dezember Zweige ins Wasser. An Weihnachten beginnen die Zweige dann zu blühen."

„Aber doch nicht mitten im Winter!", widerspricht Lina. Sie kann sich das überhaupt nicht vorstellen. Die Erzieherin im Kindergarten erzählt

Die heilige Barbara

Der 4. Dezember ist der Gedenktag der heiligen Barbara, eine der bekanntesten Heiligen. Wer an diesem Tag Kirsch- oder andere Zweige abschneidet und zu Hause in eine Vase mit Wasser stellt, erlebt an Weihnachten eine Überraschung: Die Zweige werden Blüten tragen. „Zweige schneiden zu St. Barbara, Blüten sind bis Weihnachten da", lautet eine Bauernregel.

Die heilige Barbara lebte im dritten Jahrhundert, wahrscheinlich im Gebiet der heutigen Türkei. Die Legenden berichten von ihrer Schönheit und ihrem scharfen Verstand. Da sie sich zum christlichen Glauben bekehrte, wurde sie der Legende nach ins Gefängnis gesteckt und zum Tode verurteilt.

Die heilige Barbara zählt zu den spätmittelalterlichen vierzehn Nothelfern, die als Schutzpatrone im Gebet angerufen werden können. Sie gilt als Helferin bei Blitz- und Feuergefahr und ist Schutzpatronin vieler verschiedener Berufsgruppen. Vor allem bei den Bergleuten ist sie eine bis heute verehrte Heilige, oft finden sich Figuren der heiligen Barbara an den Grubeneingängen.

Das Wunder der Barbarazweige im heimischen Wohnzimmer soll an das Wunder von Weihnachten erinnern: In Jesus wird Gott Mensch und er schenkt den Menschen in dunklen, kalten Zeiten Hoffnung.

ihnen immer wieder, dass die Bäume und die Blumen erst im Frühling wieder erwachen.

Die ersten Tage rennt Lina jeden Morgen zuerst ins Wohnzimmer und betrachtet die Vase. Doch es ist alles wie bisher: In der Vase sind nur drei Zweige.

„Du musst etwas Geduld haben", tröstet sie Mama.

Nach ein paar Tagen wechseln sie das Wasser. Doch trotzdem bleibt alles wie bisher. Lina vergisst die Zweige zwischen all den wunderbaren Dingen, die der Advent sonst für sie mitbringt.

Am 24. Dezember führt Mama sie mit einem geheimnisvollen Lächeln im Gesicht zum Fensterbrett im Wohnzimmer und deutet auf die Vase. Lina reibt sich die Augen. Tatsächlich – weiße Knospen! Damit hat sie gar nicht mehr gerechnet. An einem Zweig ist über Nacht sogar eine Blüte aufgegangen.

„Jetzt weißt du, wie sich die heilige Barbara damals gefühlt hat", sagt Mama. „Bestimmt war sie auch so überrascht wie du." Aber Lina flitzt schon in den Flur hinaus. Wo ist Papa? Dem muss sie diese besonderen Zweige unbedingt zeigen!

Blüten mitten im Winter

Für einen eigenen Barbarazweig von einem Obstbaum wie einer Kirsche oder einem Apfel oder einem blühenden Strauch wie einer Forsythie vorsichtig ein paar Zweige abschneiden und in eine Vase mit Wasser an einen hellen und warmen Ort in der Wohnung stellen. Dann heißt es nur noch warten, bis das kleine Blütenwunder ein wenig Licht und einen ersten Vorgeschmack auf Frühling inmitten des Winters bringt.

Ein Stiefel voller Geschenke

Mama!", ruft Mia, lässt ihren Rucksack stehen und rennt ihrer Mama begeistert in die Arme. „Am Montag kommt der Nikolaus zu uns in den Kindergarten."

Anne, die schon früher aus der Schule kam und Mama begleitet, lacht. „Na, da hat er wohl seinen Einsatz versäumt. Nikolaustag ist doch schon morgen."

Aber Mia lässt sich von ihrer Schwester nicht ärgern. Zu wundervoll findet sie es, dass der Nikolaus in den Kindergarten kommt. Aber am Samstag ist doch kein Kindergarten!

„Deshalb hat Frau Mertens mit ihm gesprochen, dass er erst am Montag kommt. Dazu mussten sie nur im Pfarrhaus anrufen", erklärt sie ungeduldig, denn sie hat ganz viel zu erzählen. „Wir haben ein Lied gelernt und ein Fingerspiel, und er kommt zu uns, und wir feiern im Turnraum, und er hat einen Mantel und eine besondere Mütze auf und so einen Stab, weil er irgendeinen komischen Beruf hat, und er hat einen Sack mit Nüssen und Mandarinen und …"

Mama lacht. „So, so", sagt sie nur. „Der heilige Bischof Nikolaus kommt mit seiner Mitra und dem Bischofsstab."

„Sag ich doch." Mia nickt eifrig. „Soll ich mal vorsingen, was wir gelernt haben?" Sofort legt sie los: „Lustig, lustig, trallalalala, bald ist Nikolausabend da, bald ist Nikolausabend da." Mehr weiß sie leider nicht mehr.

Zu Hause setzt sich Mia auf Papas Schoß und erzählt ihm noch einmal, was sie über den Nikolaus erfahren hat. Und dass der heilige Nikolaus mit anderen Menschen geteilt hat und dass wir das auch sollen. Dabei isst sie den Schokoladenriegel, der an diesem Morgen in ihrem Adventssäckchen war.

Dieses Mal ist es Papa, der lächelt und „So, so" macht. Dann beißt er schnell einmal von Mias Schokolade ab.

„He!", ruft Mia empört.

Da lacht Papa noch mehr. „Man muss teilen können, sagt der Nikolaus", kichert er und stupst Mia dabei in den Bauch.

Nach dem Abendessen fragt Mama die Mädchen, welche Schuhe sie rausstellen wollen für den Nikolaus. Mia muss zwinkern vor Freude. Die Nikolausstiefel! Die hatte sie ja ganz vergessen vor lauter Vorfreude auf Montag.

„Warum sieht man den Nikolaus nie, wenn er etwas bringt?", fragt Mia.

„Ist doch logisch", sagt Anne. „Der muss zu so vielen, da hat er keine Zeit, mit jedem zu sprechen." Sie schaut zufrieden auf Mama und Mia. „Und damit es noch schneller geht, kommt er nachts. Da trifft er nicht mal zufällig jemanden."

Mia schaut zu Mama. „Stimmt das?", fragt sie.

Mama schaut sie an. „Es gibt eine Geschichte vom Nikolaus, die diesen Brauch erklärt. Nikolaus war ein sehr reicher Junge – aber eben auch sehr einsam, denn seine Eltern waren gestorben, als er noch ein Kind war. Eines Tages hörte er im Vorbeigehen durchs Fenster einen verzweifelten Vater, der nicht wusste, wie er für sich und seine drei Töchter sorgen sollte. Denn der Mann war sehr, sehr arm. Nikolaus machte das traurig und in den darauffolgenden drei Nächten warf er jeweils ein Säckchen mit Gold-stücken durchs Fenster, um der Familie zu helfen. Dadurch waren der Vater und seine Töchter gerettet. Nikolaus wollte unerkannt bleiben, aber der

Vater war neugierig: Wer war ihr Wohltäter? Er wollte es herausfinden und versteckte sich heimlich in der dritten Nacht. So erkannte er Nikolaus und sprach ihn an, um ihm zu danken. Doch Nikolaus wollte keinen Dank und der Vater musste ihm versprechen, niemandem von seiner Hilfe zu erzählen – und das tat der Vater auch nicht bis zu seinem Tod."

Mit diesen Worten nimmt Mama die ausgewählten Schuhe – Mia hat ihre Winterstiefel, Anne ihre gelben Gummistiefel ausgesucht, weil die am längsten sind – und stellt sie mit den Kindern vor die Tür zum Treppenhaus. „Und nun ab, Zähne putzen."

Mia liegt noch lange wach in ihrem Bett. Sie denkt an den heiligen Nikolaus, der so nett war zu der armen Familie. Aber ihr geht noch etwas anderes durch den Kopf, das sie ganz kribbelig macht: Was erwartet sie wohl morgen in ihrem Stiefel?

Lasst uns froh und munter sein

C   G   C

1. Lasst uns froh und mun-ter sein
2. Dann stell ich den Tel-ler auf,
3. Wenn ich schlaf, dann träu-me ich,
4. Wenn ich auf - ge - stan-den bin,
5. Niko - laus ist ein gu-ter Mann,

Dm   G

und uns recht von Her - zen freun!
Niko - laus legt ge - wiss was drauf.
jetzt bringt Ni - ko - laus was für mich.
lauf ich schnell zum Tel - ler hin.
dem man nicht ge - nug dan - ken kann.

C

Ref.: Lus-tig, lus-tig, tra-la-la-la-la, bald ist Ni-ko-laus-

G   C   G   C

a - bend da, bald ist Ni-ko-laus - a-bend da!

Der heilige Nikolaus
hilft den Menschen

Es war vor langer Zeit in der türkischen Stadt Myra am Meer. Die Menschen litten schwere Not. Schon seit Monaten gab es in der ganzen Stadt fast nichts mehr zu essen, die Vorräte waren schon lange aufgebraucht. Alle hatten großen Hunger. Nur die besonders wohlhabenden Menschen konnten sich noch Essen leisten. Überall auf der Straße waren Kinder, die um ein Stück Brot oder um einen Apfel bettelten. Nikolaus, der Bischof von Myra, machte sich Sorgen. Er ging in seinem Haus auf und ab. Wie sehr ihm diese Kinder und ihre Familien leid taten! Sie waren noch so klein und ihre Eltern konnten ihnen nichts zu essen geben, da sie selbst nichts hatten. Da rief er seine Diener und sagte zu ihnen: „Geht in die Vorratskammer und füllt mehrere Säcke mit Brot, Früchten und anderen Speisen!" Auch seine Vorräte waren in den letzten Wochen immer weniger geworden, aber ein bisschen hatte er noch. „Wir gehen in die Stadt und verteilen es an die Kinder und armen Menschen", sagte er.

Seine Diener sahen ihn mit großen Augen ungläubig an. „Aber brauchen wir das nicht selber?", fragte einer von ihnen. „Wir haben ja selber kaum noch was."

Der Bischof wollte nichts davon hören. „Habt ihr nicht gesehen, wie hungrig die Menschen sind?" Es war nicht das erste Mal, dass der Bischof die Menschen in der Stadt nicht alleine ließ. Immer wenn er mitbekam, dass jemand in Gefahr war oder ihm etwas fehlte, versuchte er zu helfen. So hatte sich schon überall herumgesprochen, was für ein guter Mann Nikolaus war und was für ein großes Herz er hatte.

Als die Diener die Säcke gefüllt hatten, machte sich der Bischof mit ihnen auf den Weg hinunter in die Stadt. Schon von Weitem war der Bischof mit seiner Bischofsmütze und dem Bischofsstab zu sehen.

„Bischof Nikolaus!", war von allen Seiten zu hören. Es dauerte nicht lange und aus allen Richtungen kamen Kinder herbei. Kleine und auch größere. Und auch die hungernden Erwachsenen scharten sich um ihren Bischof. Nikolaus lächelte ihnen aufmunternd zu und begann sofort, die Lebensmittel zu verteilen. So viele Hände, die dankbar nach den Brotstücken, den Früchten und Speisen griffen. Nikolaus nahm sich viel Zeit, um mit jedem kurz zu sprechen, die Sorgen und Nöte der Menschen zu hören und ihnen Mut zu machen. Einige Leute, die sehr viel Geld hatten, beobachteten alles.

„Was macht der Bischof hier auf der Straße?", fragte eine Frau empört. Sie wachte geizig über ihre knapper werdenden Vorräte und wäre nie auf die Idee gekommen, ihren Besitz auch noch mit anderen zu teilen.

Viel zu schnell waren alle Säcke geleert. Der Bischof sah die Not und dachte nach, dann sagte er zu seinen Dienern: „Schnell, geht nach Hause und sucht alles Geld zusammen. Wir werden im Hafen auf die nächsten Schiffe warten und den Händlern Früchte und Getreide abkaufen, damit wir den Hunger der Menschen lindern können." Er wandte sich auch an die reichen Leute, die ihn beobachtet hatten: „Was steht ihr hier rum? Seht

Der heilige Nikolaus

Unsere heutigen Nikolausbräuche gehen auf den Bischof Nikolaus von Myra zurück, der im 4. Jahrhundert lebte. Über ihn sind verschiedene Legenden überliefert, die beschreiben, wie sich der Bischof für seine Mitmenschen einsetzte und in seiner Stadt Myra wirkte.

Der heilige Nikolaus ist wahrscheinlich einer der beliebtesten Heiligen – vor allem bei den Kindern. Das liegt sicher zum einen an den Gaben, die der Nikolaus bringt. Lange Zeit war es sogar üblich, die Geschenke nicht an Weihnachten, sondern zum Nikolaustag zu bekommen. Zum anderen ist es die Person selbst, die Kindern gefällt. Denn Nikolaus erinnert die Menschen daran, wie wichtig es ist, mit anderen zu teilen und sich um andere zu kümmern.

Nikolaus trägt – in Erinnerung an den Bischof von Myra – auf dem Kopf eine Mitra und in der Hand einen Stab, beides Zeichen des bischöflichen Amtes. Trotzdem verwechseln heute viele den Nikolaus mit der Figur des Weihnachtsmanns. Diese hat jedoch keinen christlichen Ursprung, sondern wurde vor allem durch die Vermarktung einer amerikanischen Getränkefirma weltweit so bekannt, dass es heute schwierig geworden ist, einen Schokoladen-Nikolaus mit Mitra und Bischofsstab zu finden.

ihr denn nicht, wie dringend diese Menschen Hilfe brauchen? Holt schnell eure Vorräte und bringt sie herbei. Verteilt sie an die Hungernden." Einige blickten betreten zu Boden, niemand wagte es zu sprechen. Bischof Nikolaus hatte sie zum Nachdenken gebracht. Und dann machten sich die ersten von ihnen auf den Weg nach Hause.

„Ich habe nicht viel, aber ich kann doch ein bisschen was abgeben", rief eine Frau.

Da flüsterte ein Diener dem Bischof etwas ins Ohr. Ein großes Schiff! Im Hafen war gerade an diesem Tag ein großes Schiff angekommen. Es war lange unterwegs gewesen und transportierte eine ganze Ladung Getreide für den Kaiser, der in der Hauptstadt Byzanz lebte.

„Wir müssen schnell zum Hafen!", entschied Nikolaus und eilte sofort mit seinen Dienern los, um mit den Seeleuten zu sprechen.

„Könnt ihr einen Teil eurer Ladung den Kindern und Notleidenden dieser Stadt schenken? Sie haben so großen Hunger."

Doch die Seeleute schüttelten den Kopf. „Das Getreide gehört dem Kaiser. Er wird uns bestrafen, wenn wir nur mit der Hälfte des Korns in Byzanz eintreffen. Unsere Ladung wurde vor der Abfahrt genau abgewogen, es wird sofort auffallen, wenn etwas fehlt."

Der Bischof bat sie, ihm zu vertrauen. „Gebt uns hundert Säcke eurer Ladung. Ich verspreche euch: Euch wird nichts passieren." Die Seeleute sahen sich eine Weile ratlos an. Dann nickten sie sich zu. Sie trugen die Kornsäcke an Land. Dann gingen sie wieder auf das Schiff zurück und setzten ihre Reise zum Kaiser fort. Als sie dort ankamen und die Ladung an Land brachten, stellten sie verwundert fest: Obwohl sie dem heiligen Nikolaus Säcke von ihrem Korn geschenkt hatten, hatte sich das Gewicht der Ladung nicht verändert. Nikolaus hatte ein Wunder vollbracht! Alle staunten sehr. In Myra aber reichte das Korn für lange Zeit.

Fingerspiel zum Nikolaustag (© Anke Keil)

Dieses Fingerspiel kann man leicht auch schon mit jüngeren Kindern spielen. Die Fragen und Antworten werden in einfachen Gesten dargestellt.

Fünf Kinder stehen vor dem Haus,	*fünf Finger hochstecken*
sie suchen nach dem Nikolaus.	*Hand über die Augen an die Stirn legen und nach links und rechts ausschauen*
Das erste jubelt: „Seh ihn schon!	*ersten Finger nach oben strecken*
Dort ist spitz seine Mitra-Mütze!" –	*mit den Händen einen spitzen Hut formen*
„Nein, es ist die Kirchturmspitze."	*abwinken*
Das zweite jubelt: „Seh ihn schon!	*zweiten Finger nach oben strecken*
Dort drüben schaut sein Stab heraus!" –	*mit dem Arm senkrecht einen Stock nachbilden*
„Nein, es ist der Baum vorm Haus."	*abwinken*
Das dritte jubelt: „Seh ihn schon!	*dritten Finger nach oben strecken*
Rot leuchtet dort sein Umhang, ach!" –	*einen Umhang mit den Händen andeuten*
„Nein, es ist das Schuppendach."	*abwinken*
Das vierte jubelt: „Seh ihn schon!	*vierten Finger nach oben strecken*
Dort drüben strahlt sein Bart, so weiß!" –	*mit beiden Händen einen Bart andeuten*
„Nein, es ist der Rest vom Eis."	*abwinken*
Das fünfte jubelt: „Seh ihn schon!	*fünften Finger nach oben strecken*
Sein dicker Sack steht in der Sonne!" –	*mit beiden Armen einen dicken Sack vor dem Bauch nachbilden*
„Nein, es ist die Regentonne."	*abwinken*
Die Kinder sehen traurig aus,	*alle fünf Finger hochstrecken*
wo bleibt denn nur der Nikolaus?	*Fragend mit der Schulter zucken*
Da stampft heran und winkt ... – „Hurra!	*stampfen, dann winken*
Nikolaus, da bist du ja!"	*beide Hände ausstrecken*

Ein geheimnisvoller Morgen

Die Tür geht auf und Licht fällt vom Flur ins dunkle Zimmer. Anna reibt sich die Augen und setzt sich auf.

„Aufstehen!", sagt Mama und schlägt die Bettdecke zurück. Sie ist doch noch so müde! Anna gähnt und streckt sich. Sie ist doch gerade erst schlafen gegangen! Und draußen ist es noch total finster! Aber Mama drängt zur Eile. „Wir müssen gleich los." Sie hilft Anna, in den Pullover zu schlüpfen.

„Aber der Kindergarten beginnt doch nicht so früh", widerspricht Anna gähnend.

„Wir gehen auch nicht in den Kindergarten", sagt Mama geheimnisvoll, „wir haben heute etwas Besonderes vor. Aber das ist eine Überraschung."

Anna denkt nach: So früh am Morgen? Was für eine Überraschung kann das sein?

Papa wartet bereits an der Tür. Er hat sich Mütze und Handschuhe angezogen. Kommt er auch mit? Anna weiß, dass Papa nichts weniger leiden kann als frühes Aufstehen. Doch jetzt nimmt er Anna an der einen Hand, Mama ergreift ihre andere Hand. Sie gehen jetzt miteinander spazieren?

Auf der Straße ist noch kein Mensch unterwegs. So früh ist auch Anna noch nie draußen gewesen. Es ist bitterkalt. Sie kommen am nahegelegenen Bauernhof vorbei. Es ist ganz still, auch die Tiere schlafen noch. Und kein einziges Auto kommt ihnen entgegen. So ruhig sollte es immer sein! Die Häuser sind dunkel, in fast keinem Fenster brennt Licht. Nur die Weihnachtsbeleuchtung blinkt an manchen Häusern. Ist das geheimnisvoll! Anna blickt aufgeregt in alle Richtungen. Heute macht ihr die Dunkelheit keine Angst, Mama und Papa halten sie ja fest an den Händen. Sie fühlt sich richtig geborgen. Eine Katze huscht vorbei und verschwindet unter einer Hecke.

„Ist es noch weit?", erkundigt sich Anna nach einer Weile. Sie hat keine Ahnung, wo sie sind und in welche Richtung sie spazieren.

„Nur noch ein paar Minuten", sagt Papa.

„Da ist etwas!", ruft Anna auf einmal und zeigt nach vorn. Eben hat sie ein Licht aufblitzen sehen. Ihr Herz klopft schnell. Was war das? Doch als Mama und Papa hinsehen, ist es bereits verschwunden.

„Ich sehe nichts", sagt Mama.

„Ich auch nicht", ergänzt Papa.

Anna stampft auf. Sie hat sich das nicht eingebildet. Das ist doch ein kleines Licht gewesen … „Da, schon wieder!" Sie zeigt in die Dunkelheit. Woher kommt es? Es ist ein ganz kleines Licht, das flackert. Mama und Papa tun noch immer ahnungslos. Sie überqueren mit Anna die Straße und laufen dann die Gasse weiter. Jetzt kennt sich Anna wieder aus: Diese Gasse führt zur …

„Gehen wir zur Kirche?", fragt sie total erstaunt. So früh finden doch keine Gottesdienste statt.

„Pst!", macht Papa, „du wirst es gleich erfahren."

Jetzt sieht Anna das Flackern wieder. Es ist eine Kerze!

Vor der Kirche wartet ein Mädchen mit einer Laterne. Neben ihr steht ein anderes Mädchen, das kleine Kerzen verteilt. Obwohl es noch so früh ist, sind Anna und ihre Eltern nicht die einzigen: Viele Erwachsene, Jugendliche und Kinder betreten die Kirche. Die meisten von ihnen sehen noch richtig verschlafen aus. Auch Papa gähnt immer wieder. Anna entdeckt

Roratemessen

Die Roratefeiern werden im Advent in den meisten Orten frühmorgens, wenn es noch dunkel ist, gefeiert. Ihr Name kommt aus dem alttestamentlichen Buch Jesaja. Jesaja verkündete den Menschen das Heil Gottes. „Taut, ihr Himmel von oben, ihr Wolken, lasst Gerechtigkeit regnen. Die Erde tue sich auf und bringe Gerechtigkeit hervor, sie lasse Gerechtigkeit sprießen." (Jes 45,8) Früher lasen die Menschen die Bibel auf Latein und dort hieß der erste Satz: „Rorate caeli despur."

Der Text dieses Jesaja-Wortes wurde auf Maria, die Mutter Jesu, und seine Geburt übertragen. Deswegen waren die Roratemessen ursprünglich Marienfeiern der Adventszeit. Seit der Liturgiereform des Zweiten Vatikanischen Konzils wurde der Sinn wieder geweitet. Es geht in diesem Vers um die sehnsüchtige Erwartung des Kommens Gottes – darum passt der Text auch so gut in die Adventszeit!

Der eigentliche Rorate-Sonntag ist der vierte Advent, denn da ist der Eröffnungsvers aus dem Jesajabuch entnommen: „Tauet, ihr Himmel, von oben! Ihr Wolken, regnet herab den Gerechten! Tu dich auf, o Erde, und sprosse den Heiland hervor!"

Doch auch andere Gottesdienste werden als Roratefeiern bezeichnet. In der Regel finden sie früh am Morgen statt und der Kirchenraum wird nur vom Licht der Kerzen erhellt – eine besondere Atmosphäre, die den Besuchern die eigene Sehnsucht nach Jesus als dem Licht der Welt inmitten aller Dunkelheit besonders deutlich macht. Nach dem Gottesdienst treffen sich in vielen Gemeinden alle zum gemeinsamen Frühstück.

auch ein paar Freunde aus dem Kindergarten. Sie winkt ihnen. Dann bekommt auch Anna eine Kerze. Sie darf sie an der Laterne anzünden.

„Pass gut auf, dass der Wind das Licht nicht ausbläst, bis wir drin sind", sagt Papa leise.

Auch in der Kirche ist es dunkel. Anna macht nur ganz kleine Schritte. Bloß nicht stolpern! „Sind die Lampen kaputt?", fragt sie.

Mama lacht. „Nein, wir feiern jetzt Rorate, da leuchten nur Kerzen."

Sie setzen sich in eine Kirchenbank. Immer mehr Menschen betreten mit einer brennenden Kerze die Kirche. Auf einmal ist es gar nicht mehr so dunkel, jetzt kann Anna sogar die Menschen in den vorderen Reihen erkennen. Überall flackern die kleinen Lichter.

„Ist das nicht schön?", freut sich Papa, „jeder von uns bringt ein kleines Licht mit, doch alle Kerzen zusammen ergeben ein ganzes Lichtermeer und auf einmal ist die Dunkelheit verschwunden."

Die Kerzen machen nicht nur die Kirche heller. Anna hält ihre Hand über die Flamme ihrer Kerze. Das ist schön warm! Inzwischen ist sie gar nicht mehr so müde. Es gibt so viel Spannendes zu beobachten. Als die Kirche fast bis auf den letzten Platz gefüllt ist, beginnt der Gottesdienst. Alles ist viel geheimnisvoller als sonst. Doch plötzlich hört Anna ihren Bauch laut knurren. Sie läuft rot an.

„Es dauert nicht mehr lange", sagt Papa schmunzelnd, „und danach gibt es für alle ein Frühstück."

Anna strahlt über das ganze Gesicht. „Stehen wir jetzt jeden Morgen so früh auf und gehen in die Kirche?", flüstert sie.

Ihre Eltern schmunzeln. „Rorate-Gottesdienste gibt es nur im Advent", erklärt Mama. „Deshalb ist das etwas ganz Besonderes."

„Zum Glück dauert es noch drei Wochen bis Heiligabend", ergänzt Papa, „bis dahin können wir nochmals einen Roratgottesdienst besuchen."

„Was hat dir am besten gefallen?", fragt Mama nach dem Gottesdienst.

Anna muss nicht lange nachdenken: „Der gemeinsame Spaziergang zur Kirche und die vielen Kerzen!"

Mache dich auf und werde licht

Ma - che dich auf und wer - de licht.

Ma - che dich auf und wer - de licht.

Ma - che dich auf und wer - de licht,

denn dein Licht kommt.

Text: nach Jes 60,1 / Melodie: Markus Jenny / NSK 3/68, Nr. 150 / © Theologischer Verlag Zürich

Ein Licht erhellt die dunkle Nacht – Die heilige Lucia

Ein Lichterkranz leuchtet den Weg durch die Dunkelheit

Auf dem Küchentisch stand ein großer Korb. Er war bis an den Rand gefüllt mit Broten. Lucia versuchte, ihn in die Höhe zu heben. War der schwer!

„Kannst du ihn wirklich alleine tragen?", fragte ihre Mutter. „Vielleicht ist es doch besser, wenn ich dich begleite."

Aber Lucia widersprach. Es war viel unauffälliger, wenn sie sich alleine auf den Weg machte. Lucia wollte ihre Freunde in ihrem Versteck besuchen. Ihre Vorräte waren bestimmt schon aufgebraucht, und sie hatten Hunger.

Die Freunde, das waren Christen wie Lucia. Sie glaubten an Gott und an Jesus. Das gefiel dem damaligen römischen Kaiser Diokletian aber gar nicht. Er war eifersüchtig, weil die Christen Gott mehr liebten und ihm mehr vertrauten als ihm. Deshalb hatte er seinen Soldaten befohlen, alle Christen zu verfolgen. Die Soldaten hatten schon viele Christen verhaftet und ins Gefängnis gebracht. Deshalb hatten auch die Freunde von Lucia ihre Häuser verlassen müssen und sich in einem Versteck in Sicherheit gebracht.

Die Mutter öffnete die Tür und blickte hinaus. Draußen war es total finster. Weit und breit kein Licht.

„Du musst eine Laterne oder eine Fackel mitnehmen, sonst stolperst du oder verirrst dich", sagte sie.

Lucia schüttelte den Kopf. Sie brauchte beide Hände, um den Korb zu tragen. Wie sollte sie da auch noch eine Laterne halten?

„Du musst bis zum Morgengrauen warten", sagte ihre Mutter.

Doch Lucia wollte nicht warten. „Ich darf keine Zeit verlieren."

In der Höhle waren auch ein paar kleine Kinder. Ihnen knurrte bestimmt schon der Magen. Sie durfte sie nicht länger warten lassen. Da fiel ihr Blick auf die Kerze, die auf dem Tisch flackerte.

„Man müsste …" murmelte sie. Lucia kam eine Idee. Sie ging in den Stall hinüber. Kurze Zeit später kehrte sie in die Küche zurück. Sie hielt einen Kranz in die Höhe. „Wir befestigen ein paar Kerzen darauf und dann setze ich mir den Kranz auf den Kopf", erklärte sie zufrieden lächelnd.

So würden ihr die Kerzen den Weg erleuchten und sie hatte dennoch beide Hände, um den schweren Korb zu tragen. Die Mutter half ihr, den Kranz zu befestigen. Bevor sie die Kerzen auf Lucias Kopf entzündete, drückte sie ihre Tochter nochmals fest an sich.

Als Lucia in die Nacht hinaustrat, blieb sie kurz stehen. Sie zitterte. Ob alles gut ging? Jetzt war ihr doch etwas mulmig zumute. Der Weg war ziemlich weit. Wenn ihr bloß keine Soldaten auflauerten. Und hoffentlich verlief sie sich nicht. Sie war noch nie ganz alleine unterwegs gewesen.

„Kannst du mich segnen?", bat Lucia ihre Mutter.

„Vertrau darauf, dass Gott bei dir ist und dich beschützt", sprach ihre Mutter, bevor Lucia mit klopfendem Herzen loszog.

Am Anfang waren ihre Schritte noch ziemlich unsicher, aber dann wurde sie ruhiger. Sie dachte an all die Menschen in der Bibel: Die hatten auch alle auf Gott vertraut. Auch die Kerzen spendeten ihr Licht und schenkten ihr Mut. Auf einmal war es gar nicht mehr so unheimlich und sie sah sogar jede Wurzel. Endlich erreichte sie die Höhle, in der sich die Freunde

Die heilige Lucia

Die heilige Lucia, deren Gedenktag am 13. Dezember gefeiert wird, lebte Ende des dritten Jahrhunderts auf der italienischen Insel Sizilien, zur Zeit der großen Christenverfolgung unter Kaiser Diokletian. Ihr Name bedeutet „die Leuchtende".

Die Legende berichtet, dass Lucia gegen ihren Willen verheiratet werden sollte. Denn Lucia hatte sich heimlich taufen lassen und wollte nun ihr Leben ganz Jesus widmen, indem sie sich für Arme und Kranke einsetzte. Ihre Mutter hat diesen Wunsch ihrer Tochter lange nicht verstanden, bis sie selbst Christin wurde und begann, ihre Tochter bei ihrem Einsatz zu unterstützen. Doch Lucias ehemaliger Verlobter ließ Lucia anklagen und hinrichten.

Die Geschichte von Lucia und ihrem Kerzenkranz jedoch sprach sich herum und viele bewunderten die mutige junge Frau.

Mit ihrem großen Vertrauen in Gott und ihrem Mut ist Lucia auch heute für viele Menschen ein Vorbild. Denn sie orientierte sich an Jesus und ist in ihrer Treue ein Zeichen der Hoffnung in schweren Zeiten. Darum wird sie bis heute als Schutzpatronin und Helferin in verschiedenen Krankheiten verehrt.

In Schweden ist die heilige Lucia bis heute sehr beliebt, hier gibt es rund um das Luciafest besondere Bräuche in den Familien. Dazu darf die älteste Tochter des Hauses in einem langen weißen Kleid und mit einem brennenden Kerzenkranz auf dem Kopf von Zimmer zu Zimmer gehen und alle wecken mit Gebäck – ein erster Vorbote des Weihnachtslichtes mit einer ersten Kostprobe auf die Weihnachtsplätzchen. Über die Familie hinaus gibt es auch Luciaumzüge, bei denen gewählte Luciabräute singend von Haus zu Haus ziehen. Vielleicht ist Lucia hier auch deshalb so populär, da sich im dunklen Norden die Menschen im Winter, wenn sich die Sonne oft nicht einmal mehr für ein paar Stunden blicken lässt, besonders nach Licht sehnen.

versteckten. Lucia sah sich um. War ihr jemand gefolgt? Nein, die Luft war rein. Schnell verschwand sie in der Öffnung und ging in die Höhe hinein.

Zuerst entdeckten die Freunde die flackernden Kerzen. Sie wurden unruhig. Was geschah jetzt? Wer kam da?

„Das ist ja Lucia!", rief plötzlich jemand.

Alle atmeten auf. Lucia war ihre Freundin. Sie war gekommen, um ihnen zu helfen. Sie strahlten über das ganze Gesicht. Schnell griffen sie nach dem Brot. Während sie aßen, erzählte Lucia ihnen die neuesten Geschichten und machte ihnen Mut.

Von da an machte sich Lucia immer wieder in der Nacht mit dem Kranz auf dem Kopf auf den Weg. Immer, wenn die Freunde schon von Weitem das Flackern der Kerzen sahen, schöpften sie Hoffnung. Wie gut es tat, eine Freundin zu haben, auf die man sich verlassen konnte und die einen nicht im Stich ließ.

Luciakatzen

In Schweden sind die Luciakatzen das klassische Hefegebäck zum Luciatag. Die Hefeteigrollen werden wie zu einem S gelegt, an den Bogenenden eingedreht, mit Ei bestrichen und mit einer Rosine im inneren der beiden Schnörkel verziert als Augen.

Grundrezept für den Hefeteig:

200 g Butter

1 Würfel Hefe

500 ml Milch

1 Ei

200 g Zucker

½ TL Safran

1 kg Mehl

50 g gehackte Mandeln

Salz

Zum Bestreichen und Belegen:

1 Ei

Rosinen

Zubereitung:

Hefe in etwas Milch auflösen. Die Butter in einem Topf schmelzen lassen, dann die restliche Milch zugeben. Wenn die Flüssigkeit etwa handwarm ist, mit der Hefe vermischen. Das verquirlte Ei unterrühren. Safran und Zucker vermischen und zusammen mit dem Salz ebenfalls unterrühren. Anschließend nach und nach das Mehl dazugeben. Am Ende noch die Mandeln unterheben und alles zu einem glatten Teig verkneten. Circa eine Stunde abgedeckt an einem warmen Ort gehen lassen.

Den Teig nochmals durchkneten und in ca. 30 Stücke teilen, die zu Rollen geformt und dann in gekringelter S-Form auf das Backpapier gelegt werden, wo sie noch einmal ca. 20 Minuten ruhen.

Mit Ei bestreichen und mit Rosinen verzieren.

Bei ca. 230 Grad 10–12 Minuten backen.

Omas geheimnisvolles Rezept

Oma legt das Nudelholz auf den Küchentisch.
„Das wird ein toller Nachmittag!", freut sie sich.

Die beiden wollen Weihnachtsleckereien backen. Oma ist eine große Bäckerin. Sie kennt ganz viele besondere Rezepte. Immer wenn Miriam bei ihr ist, gibt es etwas Leckeres zu naschen. Aber mit ihr zusammen zu backen – das ist noch viel aufregender! Miriam läuft schon jetzt das Wasser im Mund zusammen, wenn sie an die Plätzchen denkt, die sie am Schluss kosten darf. Oma bindet Miriam eine rote Schürze um. Sie machen es sich richtig gemütlich: Miriam darf die Kerzen anzünden und Oma schaltet eine CD mit Weihnachtsliedern für Kinder ein.

Auf dem Küchentisch liegt alles, was sie für den Teig benötigen, bereit. „Findest du heraus, was wir als Erstes backen?"

Miriam betrachtet alles ganz genau.

Da ihr nichts einfällt, hilft ihr Oma: „Was liegt alles auf dem Tisch?"

Miriam zählt auf: „Milch, Mandeln, Zucker, Mehl …"

Oma hält ein Glas in die Höhe. Auf dem Etikett sind Bienen abgebildet. „Und was ist das?"

„Honig!", ruft Miriam sofort.

Jetzt zeigt Oma auf mehrere kleine Gläser.

„Das sind Gewürze", sagt Miriam.

„Wie viele?", fragt Oma.

Miriam zählt an ihren Fingern ab. „Sieben!", ruft sie ein paar Augenblicke später.

Wir backen miteinander – Der Lebkuchen

Oma nickt zufrieden. „Die Sieben ist eine besondere Zahl! Sie kommt schon in der Bibel vor. Habt ihr schon im Kindergarten gelernt, wie viele Tage eine Woche hat?"

Da muss Miriam nicht lange überlegen. „Sieben!"

„Genau. Denn Gott hat die Welt in sieben Tagen erschaffen", ergänzt Oma. Miriam erinnert sich. Oma hat ihr diese Geschichte aus der Bibel vor Kurzem vorgelesen. „Aus all diesen Zutaten backen wir einen Lebkuchen. Mit seinen sieben Gewürzen erinnert er uns daran, dass Gott die Welt erschaffen hat. Willst du mal riechen?" Oma hält Miriam die verschiedenen Gläschen hin. Manche riechen gut, andere kitzeln sie in der Nase. „Das sind Zimt, Nelken, Piment, Koriander, Ingwer, Kardamom und Muskat", erklärt Oma. „Das Rezept für Lebkuchen ist uralt. Schon vor tausend Jahren haben die Menschen Lebkuchen gebacken und gegessen. In den Klöstern wurden damals Lebkuchen gebacken, um Gott zu danken, dass er die Welt, die Tiere und die Menschen so schön gemacht hat. Das Rezept hat

Weihnachtsplätzchen

Was wären der Advent und Weihnachten ohne die vielen Leckereien? Es gibt ganz viele Plätzchen- und Gebäcksorten – für jeden Geschmack ist etwas dabei: Vanillekipferl, Zimtsterne, Ausstecher, Makronen, Plätzchen mit Nuss, Marmelade oder Nugat. Es gibt vielleicht auch deswegen so viele Rezepte, Rezeptbücher und –hefte, weil die Adventszeit eine Zeit ist, in der sogar Menschen, die sonst wenig backen, wieder zum Bäcker werden und den Geruch nach Anis, Zimt und Co. in ihren Wohnungen genießen. Kinder lieben es, Plätzchen zu verzieren – und sicher hat jeder in der Familie schon sein eigenes Lieblingsplätzchen gefunden.

Die ersten Weihnachtsplätzchen wurden vermutlich im Mittelalter in den Klöstern gebacken. Die Adventszeit war traditionell eine Zeit der Vorbereitung und des Fastens, so wie in der Fastenzeit vor Ostern. Erst an Heiligabend durften wieder Süßigkeiten gegessen werden – sicher haben sie da noch mal so köstlich geschmeckt!

Manches Weihnachtsgebäck erinnert darum symbolisch an die biblische Weihnachtsgeschichte: Der Christstollen beispielsweise sieht aus wie die Windeln eines Babys – die Windeln von Jesus in der Krippe. Auch der Lebkuchen erinnert mit seinen sieben Gewürzen, die sich je nach Region ein bisschen unterscheiden, an die Weihnachtsgeschichte. Die Siebenzahl war kein Zufall, denn die Sieben ist eine heilige Zahl: Gott schuf in sieben Tagen die Welt. Die Sieben regelt daher den Lebensrhythmus und erinnert daran, dass Gottes Gesetze das ganze Leben durchdringen – wie die Gewürze den Lebkuchenteig. Und die Gewürze kommen aus dem Orient. Von dort machten sich auch die Sterndeuter auf den Weg zur Krippe von Jesus. Haselnuss und Mandel stehen aufgrund der harten Schale und des bitter-süßen Kerns für Geburt, Tod und Auferstehung Christi. Wer also traditionelle Weihnachtsplätzchen backt oder isst, kann ein leckeres Gebäck genießen und sich gleichzeitig mit allen Sinnen die Weihnachtsgeschichte in Erinnerung rufen.

Weihnachtsplätzchen sind aber noch aus einem anderen Grund etwas ganz Besonderes: Mit den Plätzchen kann man anderen eine Freude bereiten. Jeder freut sich, wenn er selbst gebackene Plätzchen bekommt …

aber auch mit Weihnachten zu tun." Aber was genau, das will Oma noch nicht verraten.

Oma und Miriam mischen einige Zutaten zusammen: Das Mehl wird in einer Schüssel mit den Gewürzen vermischt. Dann rühren sie eine Masse aus geschmolzener Butter, Zucker, Ei und Milch zusammen. Miriam darf die klebrige Masse mit dem Rührgerät kneten. Als Oma den Honig in die Schüssel mischt, erzählt sie: „Der Honig erinnert uns an das Paradies. In der Bibel steht, dass das Paradies das Land ist, wo Milch und Honig fließen." Als alles gut verrührt ist, darf Miriam langsam das Mehl mit den Gewürzen dazugeben. Während Oma den festen Teig knetet, erzählt sie weiter: „Auch die Gewürze haben eine besondere Bedeutung. Sie kommen aus dem Orient und erinnern an die Geschenke der drei Könige, die Jesus in Betlehem besucht haben."

Endlich sind sie fertig. Vorsichtig schiebt Miriam das Blech mit den Lebkuchen in den Ofen. Sie hat ganz rote Bäckchen bekommen in der warmen, duftigen Küche.

„Und was backen wir als Nächstes?", ruft Miriam.

Oma lacht. „Jetzt gönnen wir uns eine kleine Pause. Du weißt ja noch gar nicht, woher der Lebkuchen seinen Namen hat." Sie setzen sich auf die Eckbank.

„Das ist doch logisch!", erwidert Miriam, während sie den Teig durch die Scheibe beobachtet. Das Wort „Leben" kennt sie schon lange.

Oma muss schmunzeln. „Das denken heute viele Leute. Aber der Name kommt aus dem Lateinischen, eine alte Sprache, die die Menschen früher gesprochen haben: Damals wurde der Lebkuchen Libum genannt. Das hieß Fladen oder Flachkuchen."

Endlich piepst der Ofen und Oma holt das Blech heraus. Die Lebkuchen sind goldbraun geworden. Leckerer Lebkuchenduft breitet sich in der Küche aus. Am liebsten würde Miriam gleich ein Stück probieren. Aber Oma schüttelt den Kopf. „Die müssen zuerst auskühlen", sagt sie, „wir können inzwischen mit dem nächsten Teig beginnen. Auf was hast du Lust?"

Miriam überlegt nicht lange: „Zimtsterne!" Oma nickt und blättert im Rezeptbuch, bis sie die Zimtsterne findet.

Als die beiden fertig sind, dämmert es draußen bereits und die Straßen-laternen gehen an. Gemeinsam schauen sie sich alle Plätzchensorten an: Lebkuchen, Zimtsterne, Vanillekipferl, Schokoherzen. Sie haben mehrere Plätzchendosen bis oben gefüllt.

„Welche möchtest du als Erste kosten?", fragt Oma.

Miriam greift sofort nach den Lebkuchen. Nachdem ihr Oma so viel davon erzählt hat, möchte sie nun wissen, wie die schmecken.

Lebkuchenausstecher

Diese Ausstecher sind leicht mit Kindern zu machen – da sie in verschiedenen Figuren ausgestochen und verziert werden können wie normale Plätzchen. Durch die Gewürze tragen sie aber den guten Geruch nach Lebkuchen und Weihnachten in unsere Küchen.

Zutaten:

350 g flüssigen Honig	1 TL Natron oder Backpulver
125 g braunen Zucker	abgeriebene Schale einer Zitrone
125 g Butter	1 PK Lebkuchengewürz
1 Ei	1 EL Kakao (nach Geschmack)
250 g Weizenmehl	Ca. 100 ml Milch
250 g Roggenmehl	

Zubereitung:

Mehl, Backpulver, Gewürze und Kakao vermischen und zur Seite stellen.

Butter und Zucker mit dem Handrührer schaumig rühren, das Ei unterschlagen und anschließend den Honig unterziehen.

Mehl und Gewürz nach und nach zugeben und bei kleiner Stufe weiterrühren. Nach Bedarf Milch zugeben und zu einem glatten Teig kneten.

Den Teig portionsweise ausrollen und ausstechen.

Bei 160 Grad ca. 10 Minuten backen. Nach Wunsch verzieren.

„Und?", fragt Oma.

„Lecker!", schwärmt Miriam. Jetzt aber schnell von den anderen Sorten probieren. Die schmecken bestimmt auch himmlisch!

Nils holt das Friedenslicht

Vorn in der Kirche flackert eine große Kerze. Viele Kinder stehen mit ihren Eltern in einer langen Reihe an. Alle haben Laternen mitgebracht, um dieses besondere Licht abzuholen: das Friedenslicht aus Betlehem. Auch Nils und sein Papa wollen es mit nach Hause nehmen. Nils hält die Laterne fest in der Hand und zappelt ungeduldig an Papas Hand.

„Das Friedenslicht hat eine lange Reise hinter sich", erzählt Papa, während sie warten. „Ein Kind hat es vor ein paar Tagen in der Stadt Betlehem, dort, wo Jesus geboren wurde, entzündet. Dann verteilten es Flugzeuge auf der ganzen Welt. Dieses Licht soll den Frieden in die Welt bringen."

Endlich ist Nils an der Reihe. Papa hilft ihm, den Docht an der Flamme zu entzünden. Dann schließt Nils das Glastürchen.

„Jetzt musst du ganz vorsichtig sein", ermahnt ihn Papa. „Das Licht soll auf keinen Fall ausgehen." Nils gibt Papa seine Hand.

Draußen hat es angefangen zu schneien. Dicke Flocken tanzen durch die Luft. Nils jubelt. Endlich Schnee! Wie schön das aussieht!

„Vergiss deine Laterne nicht!", sagt Papa lächelnd, während sie Hand in Hand durch die dichten Schneeflocken nach Hause gehen. Nils schaut immer wieder zur brennenden Kerze. Er gibt gut darauf acht, dass die Laterne nicht zu fest schaukelt. Das ist gar nicht so einfach! Und immer wieder muss er sich die Schneeflocken aus seinem Gesicht wischen.

Als sie den Marktplatz überqueren, sehen sie Lisa und Tim. Lisa geht mit Nils in eine Klasse. Die Geschwister wohnen nicht weit vom Marktplatz entfernt. Die beiden streiten gerade miteinander.

Ein Zeichen der Hoffnung – Stille Nacht

„Du bist immer so fies!", schreit Lisa.

Tim schimpft wütend: „Aber du! Du lachst mich doch die ganze Zeit aus!"

Lisa will gerade etwas erwidern, da entdeckt sie Nils und seinen Papa. Erstaunt zeigt sie auf die Laterne und fragt: „Was habt ihr denn damit vor?"

Nils hebt stolz seine Laterne in die Höhe. „Das ist das Friedenslicht", erklärt er, „wir haben es gerade in der Kirche abgeholt."

Er erzählt, was er über das besondere Licht aus Betlehem weiß und was es mit der Geburt von Jesus zu tun hat. Lisa ist beeindruckt.

„Eine so weite Reise! Und es brennt immer noch."

Nils' Papa hat eine Idee: „Wir können das Licht mit euch teilen, wenn ihr möchtet."

Aber Nils schüttelt den Kopf. „Sie können doch selber in die Kirche gehen und es dort abholen." Er hält seine Hand schützend vor die Laterne. Am Ende bläst der Wind womöglich noch die Kerze aus …

„Wir können ja schnell zu den beiden nach Hause gehen und dort eine Kerze entzünden", schlägt Papa vor. „Das Friedenslicht ist dazu da, um es mit anderen zu teilen. So kommt der Frieden zu allen."

Die beiden Kinder nicken begeistert.

Zusammen mit Lisa und Tim gehen Nils und sein Papa hinauf in ihre Wohnung.

Das Friedenslicht aus Betlehem

Seit 1965 wird auf Initiative des Österreichischen Fernsehens ORF jedes Jahr vor Weihnachten in der Geburtsgrotte von Jesus in Betlehem das Friedenslicht entzündet. Oft darf dies ein Kind aus Österreich machen. Mit Flugzeugen wird es dann in die verschiedenen Länder gebracht, von dort breitet sich das Friedenslicht ab dem dritten Advent immer weiter aus. In Deutschland organisieren verschiedene Pfadfinderverbände die Verbreitung des Friedenslichtes.

Auch in vielen Kirchen brennt am 24. Dezember das Friedenslicht. Dieses besondere Licht soll darauf aufmerksam machen, dass Weihnachten ein Fest des Friedens ist. Jesus wurde geboren, um den Menschen den Frieden zu bringen und ihnen Mut zu machen, sich für Versöhnung und Frieden einzusetzen. Egal ob Kind, Jugendlicher oder Erwachsener – jeder kann sich dafür einsetzen, dass es auf der Welt friedlicher wird. Alle, die das Friedenslicht abholen oder weitergeben, bringen damit ihre eigene Sehnsucht nach einer friedlicheren Welt zum Ausdruck.

Dort darf Nils mit dem Friedenslicht die vier Kerzen am Adventskranz entzünden. Alle schauen aufmerksam zu.

Lisas und Tims Mama freut sich. „Das Friedenslicht – das ist aber eine schöne Überraschung!" Sie betrachtet ihre beiden Kinder, die beide mit großen Augen den leuchtenden Kranz betrachten. „Endlich haben die beiden zu streiten aufgehört. Sie waren heute den ganzen Tag fies zueinander. Ein Glück hat das Friedenslicht seinen Weg zu uns gefunden."

Papa zwinkert Nils zu. Der strahlt über das ganze Gesicht. Da hat sein Papa wirklich eine gute Idee gehabt! Jetzt hat das Licht schon dazu beigetragen, dass sich Lisa und Tim versöhnen. Nils und sein Papa wünschen der Familie frohe Weihnachten und machen sich auf den Heimweg. Mama wartet bestimmt schon ungeduldig!

„Schade, dass nicht bei allen Menschen das Friedenslicht brennt", sagt Nils, „dann wäre unsere Welt viel friedlicher und es gäbe nirgendwo mehr Streit."

Als sie zu Hause ankommen, winkt ihnen die Nachbarin aus dem ersten Stock durch das Küchenfenster zu. Sie ist schon alt und verlässt ihre Wohnung nur noch selten.

Da fällt Nils etwas ein: „Was ist mit den Menschen, die das Friedenslicht nicht abholen können?" Nils tut die alte Nachbarin plötzlich leid.

„Auch mit diesen Menschen können wir das Friedenslicht teilen", sagt Papa. „Unsere Nachbarin freut sich bestimmt, wenn du bei ihr klingelst und ihr das Licht bringst."

Das lässt sich Nils nicht zwei Mal sagen. Schon hüpft er die Stufen hinauf. „Wir bringen ihr das Friedenslicht, damit …" Nils stoppt mitten im Satz und ein unternehmungslustiges Grinsen zieht sich über sein Gesicht. „Danach klingeln wir auch noch bei allen anderen Nachbarn in unserem Haus. So muss niemand ohne Friedenslicht Weihnachten feiern!"

Papa lächelt. „Das ist eine schöne Idee", lobt er Nils. „So bringen wir die Weihnachtsfreude in alle Wohnungen."

Das schönste Weihnachtslied

Es war eine Nacht kurz vor Weihnachten. Der Pfarrer Joseph Mohr lag im Bett und wälzte sich hin und her. So lange war er jetzt schon wach und konnte einfach nicht einschlafen. Immer wieder kreisten seine Gedanken die letzten Tage um die Menschen in seinem kleinen Dorf bei Salzburg, die ihm alle sehr ans Herz gewachsen waren. Er wünschte sich so sehr, dass an Weihnachten alle glücklich waren. Weihnachten war ja ein schönes und fröhliches Fest. Alle sollten sich über die Geburt von Jesus freuen können.

Aber er lebte nun schon eine Weile in diesem kleinen Dorf, das oben in den Bergen lag. Die Menschen waren oft betrübt, selten lachte jemand. Die meisten Bewohner des Dorfes hatten auch kein einfaches Leben, das musste Joseph Mohr zugeben. Sie mussten Tag für Tag schwere Arbeit auf den Bauernhöfen verrichten, die Tiere hüten und melken – und verdienten dabei trotz all ihrer Mühen doch fast kein Geld. Die Menschen waren so arm, dass auch ihre Kinder nur wenig zu essen bekamen. Und zu diesen täglichen Sorgen kam noch die Furcht der Menschen, die hörten, dass es in anderen Ländern Krieg gab.

Joseph Mohr hatte alles Mögliche ausprobiert, damit die Menschen wenigstens in der Weihnachtszeit ihre Sorgen vergessen konnten und die Hoffnung und das Vertrauen spürten: „Gott lässt uns nicht allein, er macht alles gut."

Weihnachten und der Winter waren schon lange vorbei, der Schnee war geschmolzen und draußen wurde es Frühling. Aber Joseph Mohr

„Stille Nacht"

„Stille Nacht" gilt als das bekannteste Weihnachtslied weltweit. Es wurde am Weihnachtsabend 1818 in der St.-Nikolaus-Kirche in Oberndorf bei Salzburg (Österreich) von Franz Xaver Gruber und Joseph Mohr erstmals mit einem kleinen Chor und Solisten den Menschen vorgestellt. Der Text beruht auf einem Gedicht, das Joseph Mohr verfasst hatte. Der Originaltext von Joseph Mohr hatte sechs Strophen, allgemein gebräuchlich sind aber heute nur drei.

Schnell verbreitete sich das Lied in die Dörfer und Städte und immer weiter. Bald wurde „Stille Nacht" auch in Deutschland bekannt und einige Jahre später sangen Menschen auf der ganzen Welt dieses Lied. Bis heute soll es 300 verschiedene Übersetzungen geben, die auf die bekannte Melodie gesungen werden.

Dass sich das Lied so schnell verbreitet hat, liegt sicher auch daran, dass es die Sorgen und Sehnsüchte der Menschen damals so gut traf: Nach langen Jahren des Krieges war Europa auf dem Wiener Kongress neu geordnet worden und die Menschen sehnten sich nach nichts so sehr, wie nach Frieden.

„Stille Nacht" wird bis heute in vielen Gemeinden an den Feiern zu Heiligabend und in der Christmette gesungen. Weit verbreitet ist inzwischen auch der Brauch, dass es am Ende des Gottesdienstes gemeinsam im abgedunkelten Kirchenraum gesungen wird, lediglich die Kerzen und die Lichter an den Tannenbäumen und der Krippe leuchten. Und dann kann man erleben, was auch Joseph Mohr erlebt hat: Bis heute berührt die Feierlichkeit dieses Liedes die Menschen.

grübelte immer noch. Oft saß er mitten am Tag ganz allein in der Kirche, betete und dachte darüber nach, wie er den Menschen zeigen konnte, dass mit Weihnachten eine neue Zeit angebrochen ist: Gott schickt Jesus auf die Erde und möchte uns ganz nahe sein, unsere Wege teilen, uns seinen Frieden und sein Licht schenken – mitten in unsere oft nicht so einfache Welt.

Eines Tages war der Pfarrer nicht allein in der Kirche. Franz Gruber, der Organist, übte auf der Orgel. Der Pfarrer lauschte der schönen Melodie. Auf einmal huschte ein Lächeln über sein Gesicht. Klang das schön! Da fühlte man sich gleich viel fröhlicher. Als der Organist zu Ende gespielt hatte, klatschte Joseph Mohr begeistert.

„Ich habe gar nicht bemerkt, dass noch jemand in der Kirche ist", sagte der Organist überrascht.

„Ich habe mir Gedanken über Weihnachten gemacht", erzählte Joseph Mohr. „Was muss passieren, damit die Menschen an Weihnachten glücklich sind?"

„Du kannst doch gut schreiben", schlug der Organist vor, „warum schreibst du nicht eine schöne Geschichte?"

Der Pfarrer schüttelte den Kopf. „Das habe ich schon mehrmals versucht. Aber es hat nicht geklappt." Nachdenklich verabschiedete er sich vom Organisten. „Ich möchte dich nicht länger stören." Er stand auf, da flog ein Zettel aus seiner Manteltasche und segelte auf den Boden.

Der Organist hob ihn auf und schaute den Zettel neugierig an. „Stille Nacht …", entzifferte er. Der Pfarrer wurde rot im Gesicht. Er wollte ihm den Text wegnehmen, doch der Organist las weiter. „Das ist aber ein schönes Gedicht. Warum liest du nicht dieses an Weihnachten im Gottesdienst vor?"

„Das habe ich letztes Jahr schon gemacht, aber die Menschen haben den Text nicht verstanden."

Sie hatten zwar alle schweigend zugehört, doch niemand hatte gelächelt.

Der Organist kratzte sich am Kinn. „Einen Augenblick", murmelte er. Er bat den Pfarrer, mit ihm nach oben zur Orgel zu kommen. Gemeinsam stiegen sie die Treppe hinauf. Dort setzte er sich an die Orgel und spielte ein paar Töne. Dann dachte er wieder nach. Er machte einen neuen Versuch. Nun erklangen andere Töne.

Der Pfarrer hörte interessiert zu.

Einige Zeit verging, da war plötzlich eine besondere Melodie zu hören. Der Organist sang mit: „Stille Nacht, heilige Nacht …"

Das Herz des Pfarrers klopfte schnell. Er bekam am ganzen Körper Gänsehaut. Das hörte sich wunderbar an!

Auch der Organist war begeistert: „Wir werden dieses Gedicht vertonen und an Weihnachten singen wir hier alle dieses Lied gemeinsam im Gottesdienst."

Der Pfarrer war sprachlos: Warum war er nicht früher auf diese Idee gekommen? Ein Weihnachtslied! Ein Lied konnte die Herzen der Menschen berühren. Und sie konnten in dem Lied auch Gott Danke sagen, dass er der Welt seinen Sohn geschenkt hat.

In der Heiligen Nacht war die Kirche bis auf den letzten Platz gefüllt. Es hatte sich bereits im Dorf herumgesprochen, dass sie heute ein besonderes Lied sangen. Der Pfarrer und der Organist waren sehr nervös. Ob ihr neues Lied den Menschen gefiel? Der Organist spielte die ersten Töne, der Pfarrer gab seinem kleinen Chor ein Zeichen, dann begann er mit ihnen zu singen. Erst nach der zweiten Strophe wagte es der Pfarrer, in die Gesichter der Menschen zu blicken. Tatsächlich! Die Erwachsenen sahen fröhlich aus und einige der Kinder lächelten. Das Lied gefiel ihnen! Und er spürte, wie es in der Kirche auf einmal richtig festlich und weihnachtlich war. Endlich spürten alle, was für ein schönes Ereignis die Geburt von Jesus war.

Ein Zeichen der Hoffnung – Stille Nacht

Stille Nacht

B

1. Stil - le Nacht, hei - li - ge Nacht!
2. Stil - le Nacht, hei - li - ge Nacht!
3. Stil - le Nacht, hei - li - ge Nacht!

F   B   Es   Cm

Al - les schläft, ein - sam wacht nur das trau-te hoch -
Hir - ten erst kund - ge - macht, durch der En - gel
Got - tes Sohn, o wie lacht Lieb aus dei - nem

B   Es   Cm

hei - li - ge Paar. Hol - der Kna - be im
Hal - le - lu - ja tönt es laut von
gött - li - chen Mund, da uns schlägt die

G   Cm   F⁷

lo - cki - gen Haar, schlaf in himm - li - scher
fern und nah: Christ, der Ret - ter ist
ret - ten - de Stund, Christ, in dei - ner Ge -

B   B/F   F⁷   B

Ruh, schlaf in himm - li - scher Ruh!
da! Christ, der Ret - ter ist da!
burt, Christ, in dei - ner Ge - burt!

Text: Joseph Franz Mohr [1816] 1838 / Johann Hinrich Wichern 1844
Melodie: Franz Xaver Gruber [1818] 1838 / Johann Hinrich Wichern 1844

Laura und Alexander
basteln Weihnachtsgeschenke

Auf dem Esstisch steht die große Schachtel mit den Bastelmaterialien. Laura guckt hinein und entdeckt eine Schere, Leim, Papier in verschiedenen Farben, Glitzer und vieles mehr.

„Heute wollen wir Weihnachtsgeschenke für Oma und Tante Miriam basteln!", hatte Mama nach dem Mittagessen verkündet und die Kiste geholt. Und jetzt geht es also los.

Laura bastelt gerne mit Mama. Aber ihr älterer Bruder Alexander hat überhaupt keine Lust. „Basteln ist doof", mault er. „Und eigentlich muss es auch gar keine Geschenke zu Weihnachten geben."

Mama hebt erstaunt die Augenbrauen. „So?", fragt sie lächelnd.

Doch Alexander hört gar nicht auf sie. Seit er in die Schule geht, muss er immer zeigen, dass er viel älter ist als Laura und alles besser weiß. „Unsere Lehrerin hat gestern die Weihnachtsgeschichte aus der Bibel vorgelesen. Da sind keine Geschenke vorgekommen!" Alexander verschränkt triumphierend die Arme, froh, um das leidige Basteln so klug herumzukommen.

Laura dreht sich zu Mama und sieht sie unsicher an: „Stimmt das? Weihnachten ohne Geschenke?" So etwas will sie sich gar nicht vorstellen. Auch Alexander wird ein bisschen kleinlauter, als er an seine Wunschliste für Weihnachten denkt.

Mama setzt sich mit Laura und Alexander aufs Sofa. „Was feiern wir an Weihnachten?", will sie von Alexander wissen.

„Die Geburt von Jesus." Laura nickt. Das hätte sie auch gewusst!

„Weihnachten ist das Geburtstagsfest von Jesus", erklärt Mama.

„Aber am Geburtstag bekommt doch eigentlich immer derjenige Geschenke, der Geburtstag hat!", ruft Alexander sofort. Er zeigt zu den Bastelmaterialien. „Dann müssten wir doch etwas für Jesus basteln."

Mama lächelt. „An Weihnachten haben die Geschenke eine andere Bedeutung. Die Menschen machen sich Weihnachtsgeschenke, um sich gegenseitig eine Freude zu machen und die Freude über die Geburt von Jesus weiterzugeben. Und deshalb bringt am Heiligabend auch das Christkind Geschenke."

Laura denkt an ihren Wunschzettel. Sie hat in diesem Jahr ganz viel aufgeschrieben. Am meisten wünscht sie sich das neue Fahrrad. Wenn sie an die Bescherung denkt, kribbelt es sie jetzt schon im ganzen Körper. Ob sie

Weihnachtsbräucheforscher

Es ist spannend, wie unterschiedlich sich die Weihnachtsbräuche auf der ganzen Welt entwickelt haben. Und jeder und jede kann ganz leicht selbst Weihnachtsbrauchforscher werden.

Im Kindergarten oder in der Schule – überall ist es möglich, andere Kinder zu fragen, wie bei ihnen zu Hause Weihnachten gefeiert wird. Besonders spannend wird es bei Kindern, deren Eltern in einem anderen Land geboren wurden. Und sicher wird es auch Kinder geben, die Weihnachten gar nicht feiern, weil sie eine andere Religion haben. Muslimische Kinder bekommen beispielsweise Geschenke nicht an Weihnachten, sondern an Bayram, dem Zuckerfest.

wohl … Doch plötzlich geht ihr etwas anderes durch den Kopf: „Ist Jesus nicht traurig, dass an Weihnachten alle Menschen Geschenke bekommen und er nicht?" Das war doch am Geburtstag immer das Schönste: Dass so viele Menschen an einen dachten und mit Geschenken überraschten. Sie würde es total traurig finden, an ihrem Geburtstag keine Überraschung zu bekommen.

„Jesus möchte, dass wir glücklich sind. Wenn wir uns freuen, dann freut auch er sich", sagt Mama. „Trotzdem können auch wir Jesus Geschenke machen. Aber das sind keine Basteleien oder Spielsachen …"

Laura und Alexander denken angestrengt nach. Was gibt es denn sonst noch für Geschenke? Mama schenkt Papa manchmal einen neuen Pullover oder ein Hemd. Und ihr Opa hat mal zum Geburtstag eine Reise nach Italien bekommen. Aber mit so etwas kann Jesus doch auch nichts anfangen!

„Könnt ihr euch erinnern, was Jesus immer zu den Menschen gesagt hat? Dass wir uns alle gernhaben sollen. Wenn wir uns jetzt im Advent und an Weihnachten um andere kümmern und nett miteinander umgehen, dann freut sich Jesus bestimmt darüber. Das ist für ihn wie ein Geschenk."

Laura zeigt auf ihren Bruder. „Du darfst also ab jetzt nicht mehr so gemeine Dinge zu mir sagen!"

Alexander springt auf. „Ich habe doch gar nichts gesagt. Du …"

„Pst!", macht ihre Mama, „ein Geschenk für Jesus wäre auch, dass wir nicht mehr miteinander streiten und uns vertragen. Wollen wir das versuchen?" Die beiden Kinder nicken kleinlaut.

„Jetzt will ich aber basteln!", unterbricht Laura die Stille.

Kaum haben Mama und Laura angefangen, greift auch Alexander nach einer Schere: „Ich helfe euch." Jetzt hat er doch Lust, bei den Geschenken für Oma und Tante Miriam mitzuhelfen.

Weihnachtsgeschenke

Die Tradition, sich an Weihnachten zu beschenken, geht auf die biblische Erzählung über die Geschenke der Sterndeuter zurück, die Jesus in der Krippe besuchten und ihm Gold, Myrrhe und Weihrauch brachten.

Ursprünglich bekamen die Kinder aber am Nikolaustag, am 6. Dezember die Geschenke. Der Reformator Martin Luther (1483–1546) kritisierte diese Tradition: Nikolaus und die Geschenke würden zu sehr von Jesus und Weihnachten ablenken. Die Heiligenverehrung war ihm ein Dorn im Auge, da diese nach seinem Verständnis nicht biblisch begründet war. So wurde es nach der Reformation Brauch, sich an Weihnachten Geschenke zu machen. Doch nicht in allen Ländern ist es so.

In Italien und Spanien bekommen die Kinder ihre Weihnachtsgeschenke nicht an Heiligabend, sondern erst am 6. Januar von der Hexe Befana bzw. den Heiligen Drei Königen.

In Griechenland bekommen die Kinder in der Nacht auf den 1. Januar Besuch: Der heilige Vassilius (Basilius) legt Geschenke vor ihre Betten. Am Mittag kommt das leckere Vassiliusbrot auf den Tisch. Darin ist eine eingebackene Goldmünze versteckt. Wer sie findet, hat das ganze Jahr über Glück.

In den Niederlanden ist es auch heute der Nikolaus, der in der Nacht auf den 6. Dezember die Geschenke für die Kinder bringt.

In England, Frankreich und Amerika werden die Geschenke zwar in der Nacht von Heiligabend gebracht – geöffnet werden dürfen sie aber erst am 25. Dezember.

In Russland wird Weihnachten am 7. Januar gefeiert – nach ihrem julianischen Kalender entspricht das unserem 25. Dezember.

In Portugal gibt es den Brauch, dass die Menschen für Jesus Geschenke mit in die Christmette bringen. Erst danach feiern die Familien miteinander.

In Kolumbien bekommen nur die Kinder Geschenke. Die Erwachsenen verstecken sie in der Nacht vom 24. Dezember unter den Betten der Kinder, sodass diese sie am nächsten Morgen finden.

Ein Märchen von der Christrose

Draußen vor der Stadt Betlehem unterhielten sich die Hirten aufgeregt. Normalerweise saßen sie zu dieser Zeit gemütlich am Feuer und hüteten abwechselnd die Schafe. Doch in dieser Nacht war alles anders. Sie konnten noch immer kaum glauben, was in dieser Nacht geschehen war. Auch die Schafe hatten aufgehört zu blöken, so beeindruckt waren sie. Mitten in der Nacht war ihnen ein Engel erschienen. Sie hatten die Hände vor ihre Augen gehalten, so sehr hatte sie das Licht geblendet. Der Engel hatte ihnen verkündet, dass Jesus geboren worden war.

„Wir müssen so schnell wie möglich zur Krippe!", rief der älteste der Hirten. „Ich möchte das neugeborene Kind mit eigenen Augen sehen." Und schon machte er sich daran, seine Sachen zusammenzupacken. Auch die anderen Hirten brachen auf.

„Wartet auf mich!", rief Madelon und winkte mit ihrem Hirtenstab. Sie wollte die anderen nicht aus den Augen verlieren. Ohne sie würde sie vielleicht den Weg nicht mehr finden und sich verirren. Madelon war die jüngste Hirtin. Und sie wollte auch zu diesem besonderen Baby, von dem der Engel erzählt hatte. Wie fest klopfte ihr Herz! Sie konnte es kaum erwarten, die Krippe zu erreichen und Jesus zu betrachten. Wie er wohl aussah?

Es war dunkel und sie hatte keine Laterne. Sie musste gut darauf achten, dass sie nicht über eine Wurzel oder einen Stein stolperte. Die anderen Hirten waren schon weit vorausgeeilt. Jeder wollte so schnell wie möglich die Krippe erreichen. Als Madelon endlich beim Stall ankam, verließ sie

auf einmal der Mut, als sie sah, dass schon viele andere Menschen bei der Krippe knieten. Sie hatten auch Geschenke für das neugeborene Kind mitgebracht. Aber sie? Sie hatte keines! Was würden Jesus und die anderen von ihr denken? Sie durchsuchte die Taschen ihres Mantels. Sie waren leer … Hätte sie wenigstens einen Apfel oder ein Schaffell dabei! Aber da sie noch so jung war, hatte sie noch keine eigenen Schafe. So konnte sie jedenfalls unmöglich an die Krippe treten! Sie setzte sich vor dem Stall auf den Boden und begann zu weinen. Dicke Tränen kullerten über ihre Wangen. Sie war ganz allein, niemand kümmerte sich um sie, die anderen Hirten waren bereits bei Jesus. Wahrscheinlich fiel es ihnen nicht einmal auf, dass Madelon nicht da war.

„Warum weinst du?", hörte sie auf einmal eine Stimme. Sie sah überrascht auf. Erst jetzt fiel ihr das Licht auf. Vor ihr stand der Engel, der ihnen schon vorher auf dem Feld erschienen war. Ihr Herz klopfte schnell. „Warum bist du so traurig?", fragte der Engel. „Jesus ist geboren, alle sollen sich darüber freuen!"

Madelon brachte kaum ein Wort heraus, so traurig war sie: „Alle haben ein Geschenk. Aber ich bin zu arm und kann deshalb Jesus nichts schenken."

„Aber für Jesus ist das Geschenk doch nicht so wichtig", machte der Engel dem Mädchen Mut und lächelte es an. „Es kommt nicht darauf an, wie wertvoll es ist, sondern ob es von Herzen kommt."

Der Engel nahm das Mädchen an der Hand und führte es zur Wiese neben dem Stall. Jetzt, im Winter, war diese Wiese karg und leer. Keine Blumen blühten. Der Engel zeigte auf einen weißen Fleck im Gras. Made-

lon traute ihren Augen kaum: Das konnte doch nicht sein, es war doch Winter! Aber sie hatte richtig gesehen: Da blühte eine Blume, herrlich wie eine Rose. Sie war wunderschön mit ihren großen weißen Blüten. Madelon hatte noch nie eine so schöne Blume gesehen.

„Die kannst du Jesus schenken", sprach der Engel.

Madelon zögerte: „Aber darf ich einfach diese …"

Der Engel nickte. „Das ist ein Zeichen der Hoffnung für dich, pflück sie und bring sie Jesus." Er lächelte sie an. Das ließ sich die junge Hirtin nicht zweimal sagen. Jetzt strahlte sie über das ganze Gesicht. Schnell wischte sie

Die Christrose

Eine bekannte Lesung der Adventszeit ist aus dem 11. Kapitel des alttestamentlichen Jesaja-Buches. Der Prophet Jesaja beschreibt im Bild des jungen Triebs, der aus einem Baumstumpf austreibt, die Hoffnung der Israeliten auf den Messias. In ihm wird Gott sein Versprechen erneuern, für sein Volk zu sorgen und ihm nahe zu sein. Der Messias soll Gottes Volk Israel sammeln und einen in seinem Friedensreich. Ein sehr bekanntes Adventslied hat diese Stelle aus Jesaja vertont: „Es ist ein Ros entsprungen."

Im Mittelalter wurde die Christrose, auch Schneerose genannt, mit ihren weißen Blüten zum Symbol dieser Hoffnung, deren Erfüllung die Christen mit Jesu Geburt im Stall feiern. Da ihre Blüten Eis und Schnee trotzen, ging man davon aus, dass diese Pflanze magische Kräfte besitzt und Mensch und Tier vor Krankheiten und bösen Geistern schützt. Wenn heute mitten im Winter im Garten oder auf dem Balkon die Christrose erblüht, ist noch immer etwas von dieser besonderen Magie zu spüren. Die Christrose erinnert daran, dass Gottes Wunder immer und überall möglich sind.

Wunschsterne

Es sind die kleinen Dinge, die uns glücklich machen. Vielleicht ist es eine schöne Blume im Schnee, die Wind und Wetter trotzt und uns die Zuversicht schenkt, dass der Frühling mit seinen Blüten bald wiederkommt und der Winter mit seiner Kälte vorübergeht. Ein kleines Wunder, das Hoffnung macht und uns zeigt: Gott ist uns immer nahe.

Vielleicht ist es auch wie bei Joseph Mohr, der die Menschen um sich vor Augen hatte, als er sein Gedicht „Stille Nacht" schrieb: ihre Nöte und Sorgen, ihre Ängste, ihre Wünsche und Hoffnungen. Damit wollte er ihnen zeigen: Ihr seid nicht allein und das Wunder von Weihnachten ist auch für euch geschehen.

In immer mehr Kommunen, Kirchengemeinden und karitativen Einrichtungen gibt es „Wunschstern"-Aktionen. Manchmal dürfen Kinder aus ärmeren Familien ihre Geschenkwünsche auf Sterne schreiben, die Paten dann zufällig ziehen und den Kindern konkret erfüllen. Manchmal sind Kinder einfach dazu eingeladen, ihre Wünsche und Hoffnungen für die Welt auf Sterne zu schreiben und zu malen. Eine Aktion, die diese Idee weltweit unterstützt, ist beispielsweise „Weihnachten im Schuhkarton". Hier werden Päckchen mit Weihnachtsgeschenken an Kinder in armen Ländern geschickt. Eine andere Art von „Paket" kann man bei verschiedenen anderen sozialen Organisationen schnüren: Gegen Spenden können Schulhefte, Ziegen, Schafe, Hühner, Trinkwasserbrunnen usw. verschenkt werden an Menschen in armen Ländern. So zeigen wir uns: Wir sind miteinander auf der Welt und vergessen einander nicht.

sich die letzten Tränen aus dem Gesicht und nahm die Blume. Sie passte gut auf sie auf, damit sie keine ihrer wunderschönen Blüten verlor. Dann ging Madelon in den Stall hinein.

Im Stall war fast kein Platz mehr, alle standen ganz dicht beieinander, so viele Menschen waren zu Jesus gekommen. Madelon drängte sich nach vorn, bis sie endlich bei der Krippe ankam. Als sie das Baby in der Krippe sah, hielt sie den Atem an vor Freude. Dann legte sie die schöne Blume vor die Krippe.

Maria, Josef, die Hirten und alle anderen, die im Stall waren, staunten über das besondere Geschenk, das diese junge Hirtin mitgebracht hatte. Sie waren sich einig: Das Geschenk von Madelon war das schönste von allen! Und Madelon war sich sicher: Das Kind in der Krippe hatte ihr zugezwinkert! Sie dachte an den Engel, der ihr geholfen hatte, und dankte ihm. Auch wenn sie ihn jetzt nicht sehen konnte, spürte sie, dass er in ihrer Nähe war. Wie schön, dass er ihr erschienen war und ihr neuen Mut gemacht hatte!

Wer rettet das Krippenspiel?

Die Kinder sind total kribbelig. Sie haben sich in den letzten Tagen im Kindergarten und in der Schule gegenseitig total nervös gemacht. Jetzt stehen sie an ihren Plätzen, um das Krippenspiel in der Kirche zu üben. Doch Remo ist vor lauter Aufregung schon zwei Mal beinahe der Hirtenstab aus den Händen gefallen. Und Annas Herz klopft schnell, so aufgeregt ist sie. Denn sie wird die Maria spielen.

„Es ist unsere allerletzte Probe!", erinnert Frau Kaiser die Kinder kopfschüttelnd. In drei Stunden wird die Kirche bis auf den letzten Platz gefüllt sein und das Krippenspiel beginnt.

Anna kann schon gar nicht mehr sagen, wie oft sie in diesem Advent ihre Rolle schon geprobt hat. In den letzten Tagen hat sie ihre Rolle auch noch zu Hause geübt. Sie will auf keinen Fall ihren Text vergessen oder einen Satz zu früh oder zu spät aufsagen. Und dabei hat sie sich so gewünscht, die Maria spielen zu dürfen. Aber jetzt wünscht sie sich doch kurz, nicht so viel Text zu haben. Frau Kaiser gibt das Startzeichen. Anna stellt sich zusammen mit Christian, der den Josef spielt, neben den Altar. Sie holt tief Luft für ihren ersten Satz. Doch da ruft jemand von hinten: „Wo ist der Engel?" Frau Kaiser schlägt die Hände zusammen. „Lea ist ja gar nicht da!"

Alle starren hinunter in die erste Bankreihe, wo der Engel bei den letzten Proben immer auf seinen Einsatz gewartet hat. Doch die Bank ist leer. Frau Kaiser stöhnt. „Sie wird es doch wohl nicht vergessen haben?" Schnell zieht sie das Handy aus ihrer Tasche und ruft bei Leas Eltern an.

„Ohne Engel können wir unmöglich proben", flüstert Christian, und Miriam ergänzt: „Und die Aufführung können wir auch vergessen!"

Die Kinder tuscheln aufgeregt. Muss jetzt das Krippenspiel abgesagt werden? Frau Kaiser steckt das Handy wieder in ihre Tasche und murmelt: „Schlechte Nachrichten: Lea ist krank. Sie kann heute nicht auftreten."

„Aber dann …", setzt Christian an. Da Frau Kaiser jedoch schon so betrübt aussieht, verstummt er.

Es gibt keinen Ersatzengel. Für Maria und Josef, die beiden Hauptrollen, gibt es Stellvertreter. Doch es haben sich zu wenige Kinder angemeldet, um alle größeren Rollen doppelt besetzen zu können.

„Ich kann für Lea einspringen", schlägt Miriam vor.

Frau Kaiser schüttelt den Kopf. „Die Herbergswirtin kann nicht gleichzeitig auch ein Engel sein." Das stimmt natürlich. Die Zuschauer wären total verwirrt.

„Wir könnten den Esel weglassen", überlegt Anna laut. „Der hat sowieso keinen Text."

Aber Marco, der den Esel spielt, protestiert: „Ich will der Esel sein. Ich habe mich so darauf gefreut! Habt ihr schon mal ein Krippenspiel ohne Esel gesehen?"

Anna hat noch eine Idee: „Engel sind doch unsichtbar. Wir könnten ja einfach so tun, als hätten wir uns das absichtlich so überlegt, dass wir keinen Engel haben …"

„Und wer spricht dann den Text des Engels?", erwidert Frau Kaiser.

Das ist eine gute Frage. „Fürchtet euch nicht …“ – das kann man in einem Krippenspiel unmöglich weglassen. Und wie sollten die Hirten dann erfahren, was sich im Stall von Betlehem ereignet hat? Frau Kaiser sieht ratlos in die Runde. Sie und die Kinder haben so viel Zeit und Mühe in dieses Krippenspiel gesteckt – und dann so was.

„Dann fragen wir halt meine Oma!“, ruft Anna.

Christian runzelt die Stirn: „Ist sie Ärztin und kann Lea wieder gesund machen?“

Anna verdreht die Augen. Der kapiert wieder mal gar nichts! „Nein, sie spielt den Engel!“

Oma hat Anna erzählt, dass sie früher, als Kind, auch einmal beim Krippenspiel mitgemacht hat. Das ist jetzt schon viele Jahre her, aber das ist nicht wichtig: Die Weihnachtsgeschichte ist ja schon seit 2000 Jahren die gleiche. „Sie hat damals einen der drei Könige gespielt“, weiß Anna, „aber so viele Sätze sagt der Engel ja nicht, die kann sie sich sicher noch schnell einprägen.“ Und wenn Oma erfährt, dass die Kinder sie dringend brauchen, wird sie sofort zusagen. Da ist sich Anna ganz sicher.

Miriam lacht: „Ist das nicht merkwürdig? Es machen sonst doch nur Kinder mit …“

Marco nickt. „Da lachen bestimmt alle, wenn plötzlich eine Oma mitspielt.“

„Und sie hat nie mit uns geprobt“, ergänzt Christian. „Das geht total schief.“

Frau Kaiser bittet um Ruhe. „Ich finde die Idee gut. Annas Oma soll mitmachen! Ohne Ersatzengel müssten wir das Krippenspiel absagen. Und wenn sie es vielleicht auch nicht so gut spielt wie Lea, so spielt das doch keine Rolle. Das ist doch kein Wettbewerb, wer am besten spielt. Das Wichtigste an einem Krippenspiel ist, dass alle mit Freude dabei sind!"

Anna nickt eifrig. „Meine Oma hat bestimmt eine große Freude!"

„Na schön", lenkt Marco ein, „vielleicht sollten wir es versuchen." Auch die anderen Kinder sind einverstanden.

Wenige Stunden später ist die Kirche bis auf den letzten Platz besetzt. Die Kinder warten an ihren Plätzen auf ihren Einsatz. Das Licht geht aus, eine Flötengruppe spielt ein Lied und dann geht es los. Anna und ihre Oma sind besonders aufgeregt. Als der Engel an der Reihe ist, halten alle Kinder den Atem an. Doch Annas Oma spricht ihren Text, als hätte sie das schon mehrere Male gemacht. Beim Applaus am Schluss klatschen die Zuschauer beim Engel besonders heftig. Oma zwinkert Anna zu. Diese strahlt über das ganze Gesicht. Hoffentlich macht Oma nächstes Jahr auch wieder beim Krippenspiel mit!

Krippenspiele

Im Mittelalter gab es geistliche Schauspiele für die einfachen Gläubigen, um ihnen das Geheimnis der christlichen Feste vor Augen zu führen. Dazu wurden biblische Geschichten nachgespielt. Es gab auch Weihnachtsspiele, aus denen sich die heutigen Krippenspiele entwickelt haben. Im Gegensatz zu den Weihnachtsspielen stellen Krippenspiele jedoch lediglich das Geschehen rund um Jesu Geburt im Stall dar.
Heute findet in vielen Gemeinden das Krippenspiel am Nachmittag des 24. Dezember im Rahmen von Kinder- und Familiengottesdiensten statt.

Franziskus
erfindet die Weihnachtskrippe

Es war das Jahr 1223. Das Weihnachtfest rückte näher und die Menschen im italienischen Assisi waren doch in ihrem Alltag gefangen. Franziskus machte das traurig. Seit Tagen zerbrach er sich schon den Kopf, wie er den Kindern und auch den Erwachsenen erklären konnte, was das Besondere an Weihnachten war. Sie feierten da ja nicht irgendein Fest, sondern die Geburt von Jesus. Die Ankunft Gottes in unserer Welt in einem kleinen Kind. Ohne richtiges Zuhause, in Not und Armut wurde Jesus geboren, in einem Stall, mit einer Krippe als Bett. Er, der Sohn Gottes. Und doch haben die Menschen ihn erkannt. Konnten die Hirten den Engeln folgen, die Gott ihnen als Boten geschickt hat. Konnten die drei Weisen aus dem Morgenland das Kind finden, indem sie Gottes Stern folgten und das arme Kind in der Krippe reich beschenkten.

Franziskus seufzte. Er war auf dem Weg nach Greccio, zwei Tageswanderungen von Assisi entfernt. Eigentlich sollte er hier Weihnachten mit den Menschen feiern und eine Weihnachtspredigt halten. Doch wenn er an die Menschen in Assisi und ihre Geschäftigkeit dachte, wollte ihm nichts einfallen. Franziskus dachte so fest nach, dass ihm gar nicht auffiel, wie hoch hinauf ihn der Weg führte. Plötzlich stand er vor einer hohen Felswand. Franziskus war noch nie hier gewesen. Neugierig sah er sich alles genau an. Da machte er eine Entdeckung: Unter der Felswand befand sich eine Höhle! Franziskus musterte sie genauer. Sie war leer. Da hatte er auf einmal eine tolle Idee: Man konnte ja hier den Stall von Betlehem nachbauen. So konnten sich die Menschen an Heiligabend hier versammeln und mit eigenen Augen sehen, was damals in der Heiligen Nacht in Betlehem geschehen war. Aber wie sollte er das schaffen? Er benötigte viel Material. Er benötigte Menschen, die Maria und Josef spielten, und natürlich auch die Tiere! Und bis Weihnachten waren es nur noch ein paar Tage … Da hörte er hinter sich Schritte. Er drehte sich um und sah einen Mann mit einem langen Bart. Franziskus hatte ihn noch nie gesehen. Er lächelte Franziskus freundlich zu.

„Ich heiße Johannes und habe schon viel von dir gehört", stellte er sich vor. „Ich wohne gleich hier in der Nähe. Es würde mich sehr freuen, dich in meinem Haus zum Mittagessen begrüßen zu dürfen."

Franziskus rieb sich die Hände. Es war ganz schön kalt geworden. Es würde guttun, sich irgendwo aufwärmen zu können.

Auch die Frau von Johannes freute sich sehr. Ihr Mann hatte Franziskus als Gast mitgebracht! Franziskus war weit über Assisi hinaus bekannt und bei allen sehr beliebt. Die Menschen waren beeindruckt von Franziskus' tiefem Glauben und es wurden viele Wundergeschichten über ihn erzählt. Und er war auch äußerst beliebt, weil er sich so sehr für andere Menschen einsetzte und trotz aller Bekanntheit weiterhin so einfach lebte und dabei stets freundlich war zu allen.

Franziskus erzählte Johannes und seiner Frau von der Höhle und seinem Plan. Die beiden hörten aufmerksam zu.

Weihnachtskrippen

Weihnachtskrippen kann man heute in allen Formen und Größen und aus verschiedensten Materialien kaufen. Doch es ist immer etwas Besonderes, wenn eine Familienkrippe entsteht, die Kinder und Erwachsene lange Jahre in der Weihnachtszeit begleitet. Vielleicht sind es mit Liebe ausgewählte Figuren, vielleicht solche, mit denen die Kinder spielen dürfen, weil sie so stabil sind. Manche Familien erweitern ihre Krippe in jedem Jahr um eine Figur, sodass sie immer größer und bunter wird. Manche bauen die Figuren selbst, andere vielleicht den Stall, wieder andere gestalten einfach nur in jedem Jahr ihre Krippe miteinander.

Auch in vielen Kirchen werden zu Weihnachten schöne und zum Teil sehr aufwendige Krippen aufgebaut. Ein Besuch lohnt sich, um gemeinsam die dargestellten Landschaften zu erkunden!

„Das ist aber eine schöne Idee!", riefen sie. „Wir wollen dir gerne helfen."

Sofort begaben sie sich zu den Nachbarn und klopften an die Tür. Auch diese wollten Franziskus unterstützen. Schon bald hatte sich die Neuigkeit im ganzen Dorf verbreitet. Viele kamen, um mitzuhelfen. Zuerst wurden Holz und Stroh zur Höhle hinaufgetragen. Johannes und seine Frau wollten Maria und Josef spielen.

„Ich leihe euch meinen Ochs und meinen Esel aus", bot ein älterer Mann an.

Doch ein anderer protestierte sofort: „Nein, mein Esel soll in der Krippe stehen."

Weitere Frauen und Männer meldeten sich. Alle wollten, dass ihre Tiere die besondere Ehre bekamen, Teil von Franziskus' Weihnachtskrippe zu sein. Beinahe kam es zu einem Streit. Doch da hatte Johannes eine gute Idee:

„Seid still", rief er. „Weihnachten ist ein Fest der Freude. Die Menschen sollen jubeln. Und auch die Tiere sollen in diesen Jubel einstimmen. Es muss ein mächtiger Jubel sein, damit man ihn weithin hören kann. Deshalb dürfen nur die Tiere mit den lautesten Stimmen mitmachen."

Alle waren einverstanden. Schnell war der Esel gefunden, der am lautesten I-Ah rief, und es dauerte auch nicht lange, bis der lauteste Ochse gefunden war. Endlich war alles so weit vorbereitet.

„Das Wichtigste haben wir vergessen!", rief plötzlich ein Mädchen und zeigte zur Krippe aus Stroh. „Das Jesuskind fehlt."

Seine Mutter drückte es an sich und meinte: „Du hast doch zu Hause eine Puppe aus Ton. Willst du sie nicht holen?"

Das Mädchen wollte sich schon auf den Weg machen, doch Franziskus hielt es zurück. „Es dauert noch ein paar Tage bis Weihnachten. Das Jesuskind legen wir erst am Heiligen Abend in die Krippe."

Die Leute erzählten überall, was für eine schöne Krippe sie in der Höhle gemeinsam aufgebaut hatten. An Heiligabend machten sich viele Menschen aus der ganzen Umgebung auf den Weg, um sie mit eigenen Augen zu sehen. Denn so etwas hatte es noch nie gegeben. Alle wollten sie Weihnachten bei der Krippe feiern und zogen mit brennenden Fackeln hinaus zur Höhle.

Franziskus wartete, bis alle oben angekommen waren, still wurden und auch die Tiere andächtig lauschten. Nur der Wind pfiff um die Ohren. Dann schlug er die Bibel auf und las ihnen die Geschichte von Jesu Geburt mit feierlicher Stimme vor. Alle hörten beeindruckt zu und betrachteten dabei die Weihnachtskrippe. Fast kam es ihnen so vor, als wären sie selbst in Betlehem und hautnah dabei. Es fühlte sich ganz anders an. Plötzlich war die Heilige Nacht nicht ein Geschehen vor langer Zeit in einem fernen Land. Sie selbst wurden Teil dessen, standen an diesem Heiligen Abend an Jesu Krippe und beteten und sangen für ihn. So lebendig war ihnen die Weihnachtsgeschichte noch nie vorgekommen.

Als sie schließlich nach Hause gingen, lächelten alle zufrieden und waren sich einig: Ein so schönes Weihnachtsfest hatten sie noch nie erlebt!

Franziskus und die erste Weihnachtskrippe

Weihnachtskrippen sind heute in ganz Europa sehr beliebt. In Italien hat sich ein eigenes Brauchtum entwickelt. Sie werden bereits ab dem 8. Dezember aufgestellt. An jedem Tag kommt eine weitere Figur hinzu. Das Jesuskind wird erst an Heiligabend in die Krippe gelegt.

Die erste Krippe geht auf den heiligen Franz von Assisi (1181–1226) zurück, der das Weihnachtsgeschehen in einer lebendigen Krippe in einer Höhle im Wald von Greccio nachstellte. Von dort aus verbreitete sich diese Idee schnell. Und so kamen die Krippen in die Kirchen und auch zu den Familien nach Hause, Natürlich nicht mit lebendigen Menschen und Tieren, sondern mit Maria, Josef, Ochs, Esel, Hirten und Engeln aus Holz oder Ton.

Der heilige Franziskus wurde in Assisi als Sohn eines reichen Kaufmanns geboren. Als junger Mann entdeckte er Jesus. Seine Botschaft beeindruckte ihn. Wie Jesus wollte er den Menschen helfen. Er wandte sich ab von seinem Leben als reicher Kaufmannssohn und Soldatenanwärter, um fortan zu leben wie Jesus: in Armut und ganz für die anderen da. Immer mehr Menschen schlossen sich Franziskus an, eine Bruderschaft entstand, deren Regeln schließlich von Rom anerkannt wurden und die als Orden bis heute besteht: die Franziskaner.

Über Franziskus gibt es zahllose Legenden und Berichte über Wunder. Heute wird Franziskus als Schutzpatron der Tiere verehrt und er ist vielen ein großes Vorbild im Glauben.

Warum hängen rote Äpfel am Christbaum?

Hell klingt das Glöckchen durch die Wohnung. Lina und Chris stürmen ins Wohnzimmer. Endlich Bescherung! Oma, Opa und Papa folgen ihnen lächelnd. Mama wartet im Wohnzimmer auf sie.

„Das Christkind hat den Baum in diesem Jahr besonders schön geschmückt!", ruft sie ihnen lachend entgegen.

Die Kinder schauen den Baum mit großen Augen an. Eigentlich finden sie ihn immer schön. Und aufregend ist es, an Heiligabend in das Weihnachtszimmer zu kommen!

Papa hat den Baum gestern Abend im Wald geholt und mit Mama im Wohnzimmer aufgestellt. Dann haben sie die Tür abgesperrt, damit das Christkind den Baum schmücken und die Geschenke darunterlegen kann. Lina und ihr Bruder würden es so gerne einmal sehen, aber das ist ihnen bislang noch nie gelungen.

Unter dem Baum liegen viele Pakete. Sie sind eingepackt in buntes Papier. Manche glänzen sogar. Chris will gleich nach seinen Geschenken greifen, aber Papa hält ihn zurück: „Zuerst singen wir alle gemeinsam Weihnachtslieder."

Er stimmt „Oh du fröhliche" an und alle singen mit. Oma singt am lautesten. Kaum ist das letzte Lied zu Ende, rennen die Kinder zum Baum. Lina stürzt sich auf das größte Paket. Es ist in rotes Geschenkpapier eingewickelt. Rollschuhe! Ihre Augen glänzen vor Freude. Die sind noch

schöner als die Rollschuhe ihrer besten Freundin. Sobald es draußen wärmer wird, würden sie nun gemeinsam herumkurven können.

„Habt ihr euch den Baum schon näher angeschaut?", fragt Oma, nachdem alle Geschenke geöffnet sind und sich die erste Aufregung bei den Kindern legt. „Habt ihr alles entdeckt, was an den Zweigen hängt?"

„Kerzen", ruft Lina.

„Sterne aus Stroh", ergänzt Chris.

„Und ganz oben ein Stern", fügt Lina hinzu.

„Ihr habt die Äpfel vergessen", meldet sich Papa zu Wort.

Rote Äpfel! Warum sind ihnen die nicht sofort aufgefallen? Was haben denn die am Christbaum verloren? Lina sieht Oma fragend an.

„Was glaubt ihr: Warum ist der Baum geschmückt?", fragt Oma. Die Kinder zucken mit den Achseln.

„Dass es schön aussieht?", versucht es Lina vorsichtig.

Oma nickt. „Auch. Aber alles am Baum will uns an etwas erinnern."

Sie nimmt im großen Ohrensessel Platz, Lina und Chris setzen sich auf ihren Schoß, die Erwachsenen machen es sich auf dem Sofa gegenüber gemütlich. Gespannt warten Lina und Chris, was Oma ihnen erzählen wird.

„Das Einfachste ist der Stern auf der Spitze", beginnt Oma.

„Das ist der Stern von Betlehem", sagt Lina schnell. „Er hat über dem Stall von Jesus geleuchtet und den Menschen den Weg zur Krippe gezeigt."

Oma nickt und deutet auf einen der Strohsterne. „Die Krippe von Jesus war mit Stroh ausgelegt."

Etwas komplizierter sind die roten Äpfel.

„Hat Jesus damals rote Äpfel geschenkt bekommen?", fragt Chris.

Oma lächelt. „Davon steht zumindest nichts in der Bibel. Die Äpfel waren früher das einzige Obst, das es im Winter gab. Darum waren sie sehr wertvoll für die Menschen. Am Ende der Weihnachtszeit durften die Kinder sie abernten. Vielleicht geht der Brauch aber auch auf die Geschichte

Der Weihnachtsbaum

Wann und wo der Brauch entstanden ist, sich einen geschmückten Nadelbaum zu Weihnachten aufzustellen, ist unklar. Doch die Tradition, sich im kalten Winter zum neuen Jahr oder zur Wintersonnwende eine immergrüne Pflanze ins Haus zu stellen, ist sicher älter als das Christentum. Die Pflanzen standen für Lebenskraft und Gesundheit. Im Mittelalter wurde das Grün christlich umgedeutet: Die Tanne, die ja das ganze Jahr Grün trägt, wurde ein Symbol für die Ewigkeit.

Doch bis zum Weihnachtsbaum in Kirchen und sogar in den Häusern der Menschen war es noch ein langer Weg. Erst im 16. Jahrhundert gibt es Vorläufer dieses Brauchs. Ab dem 17. Jahrhundert verbreitet er sich rasch. Anfangs waren die Bäume für Privatleute sehr teuer und nur wenige konnten sich einen Baum leisten. Das änderte sich, als man begann, extra Tannen- und Fichtenwälder anzulegen, in denen man die Bäume für Weihnachten schlagen konnte.

Ursprünglich wurde der Baum nur mit Symbolen geschmückt, die einen Bezug zur biblischen Weihnachtsgeschichte hatten. Dann kamen auch die Kerzen dazu – ein Symbol für das Licht, das mit der Geburt von Jesus in die Welt kam.

Die Tradition des Weihnachtsbaums verbreitete sich im 19. Jahrhundert von Deutschland aus in die ganze Welt.

vom Paradies zurück, in dem es auch einen Apfelbaum gab. Mir persönlich gefällt auch die Vorstellung, dass die Äpfel wegen ihrer runden Form an den Weihnachtsbaum gehängt wurden. Wie kleine Erdkugeln. Sie erinnern uns daran, dass die ganze Welt Weihnachten feiert und Gott allen Menschen auf der Welt Hoffnung schenken möchte. An den meisten Christbäumen hängen heute aber statt der Äpfel Glaskugeln."

Lina und Chris schauen sich den leuchtenden Baum an, während Oma weitererzählt: „Als ich klein war, hängte man auch mit Gold bemalte Walnüsse an den Baum. Das war ein ganz besonderes Zeichen: Walnüsse haben eine harte Schale. Aber im Innern ist ein süßer Kern. Sie standen als Sinnbild für die Menschwerdung Jesu – wie das Kind in der Krippe. Die hölzerne Schale stand als Sinnbild für das Kreuz – und damit für die Erlösung des Menschen."

Lina ist das zu schwierig. „Also mir gefällt das Glitzerzeug am besten!", sagt sie mit Blick auf den Baum.

Die Erwachsenen lachen. „Das ist Lametta", grinst Papa. „Und woran erinnert dich das?"

Lina zuckt mit den Schultern. Was soll denn das mit der Weihnachtsgeschichte zu tun haben?

„Das Lametta glitzert wie Eiszapfen", erklärt Oma. „Das passt gut zur Jahreszeit."

Chris zeigt auf den Baum: „Dann bleiben nur noch die Kerzen."

„Sie bringen das Licht, das mit Jesus in die Welt kam, in unsere Wohnungen und Häuser. So wird die Welt ein bisschen heller", sagt Oma und streicht Chris über seinen Kopf.

An diesem Heiligabend bestaunt die Familie noch lange den Baum. Oma erzählt weiter, womit sie früher den Baum geschmückt haben.

Als sie fertig ist, meint Lina: „Wir haben wirklich einen wunderschönen Baum!"

Alle stellen sich neben dem Baum auf und dann machen sie ein gemeinsames Foto. So können sie sich immer an diesen schönen Baumschmuck erinnern!

Weihnachtsschmuck basteln

Es macht Freude, den Tannenbaum mit selbst gebasteltem Schmuck zu verzieren: Zwerge mit Bäuchen aus gesammelten Tannenzapfen, Köpfen aus Kugeln und abgebundenen Strickschläuchen als Mützen, Weihnachtsschmuck aus Bügelperlen oder Modelliermasse, Weihnachtssterne aus Stroh, Weihnachtsgirlanden aus Papierringen, ein gebastelter Engel aus einem glänzenden Papierkegel mit einer Kugel als Kopf und Haaren aus Watte, genähte Herzen oder Sterne ... Es muss nicht besonders schwierig sein. Und schön ist es in jedem Fall für Groß und Klein, die miteinander gebastelten Kostbarkeiten an Heiligabend am Weihnachtsbaum wiederzuentdecken und zu bewundern.

Ein weiter Weg
nach Betlehem

Im Dorf Nazaret lebte eine Frau namens Maria. Als sie eines Tages vor dem Haus beim Brunnen saß, passierte etwas Ungewöhnliches: Plötzlich sah sie ein helles Licht. Es wurde immer heller. Fast konnte sie nicht hinsehen, so sehr blendete es sie. Sie hielt die Hände vors Gesicht und schielte ängstlich zwischen den Fingern hindurch.

„Ein Engel!", rief sie erschrocken.

Da sprach der Engel zu ihr: „Ich grüße dich, Maria, Gott ist mit dir."

Maria fürchtete sich, doch sie wusste, dass der Engel ihr sicher eine wichtige Nachricht überbringen wollte.

Da sagte der Engel zu ihr: „Fürchte dich nicht. Gott hat etwas Besonderes mit dir vor. Du wirst bald ein Kind bekommen, einen Sohn mit dem Namen Jesus. Er wird Gottes Sohn genannt werden. Gott sendet ihn als Retter zu den Menschen."

Und es geschah, was der Engel angekündigt hatte: Maria wurde schwanger, ihr Bauch wuchs. Zum Glück hatte sie Josef, der sie sehr liebte, an ihrer Seite. Er half ihr und kümmerte sich um sie. Als ihr Bauch schon ganz groß geworden war, kam Josef aus der Stadt zurück. Er war ganz aufgeregt und erzählte, was er gerade erfahren hatte:

„Der Kaiser will zählen, wie viele Menschen in seinem Land leben. Deswegen muss jeder dorthin gehen, wo er geboren wurde, auch wir. Wir müssen also nach Betlehem."

Maria machte sich große Sorgen. Bis Betlehem war es sehr weit. Wie sollte sie den Weg mit dem Kind in ihrem Bauch schaffen?

„Können wir nicht warten, bis Jesus auf die Welt gekommen ist?", fragte sie.

Josef schüttelte betrübt den Kopf: „Wir müssen uns jetzt auf den Weg machen. Der Kaiser hat das so entschieden."

Sie packten das Wichtigste ein, banden ihren Esel los und begaben sich auf die beschwerliche Reise nach Betlehem. Mehrere Tage waren sie unterwegs. Als sie endlich die Stadt erreichten, machten sie sich auf die Suche nach einer Unterkunft. Doch wie Maria und Josef waren auch viele andere Menschen nach Betlehem gereist.

Als sie eine Herberge entdeckten, klopften sie an. Eine Frau kam zur Tür.

„Haben Sie ein Zimmer für uns?", fragte Josef.

Doch die Frau schüttelte den Kopf. „Ich hab kein freies Zimmer mehr." Sie schickte sie weiter und schloss schnell die Tür.

Maria und Josef versuchten es bei der nächsten Herberge. Doch auch dort hatte man keinen Platz für sie. Sie klopften bei vielen weiteren Häusern, doch überall wurden sie abgewiesen. Maria und Josef wurden immer verzweifelter. Sie mussten eine Unterkunft finden! Maria hatte Schmerzen und es wurde bereits dunkel. Sie konnten doch nicht im Freien übernachten! Es war viel zu kalt …

Maria hatte die Hoffnung schon aufgegeben, da entdeckte Josef ein kleines Haus, das etwas abseits von der Straße stand. Ein älterer Mann öffnete ihnen die Tür. Doch auch er schüttelte den Kopf:

„Ich habe alle Zimmer vermietet. Es ist nichts mehr frei."

Josef zeigte zu Maria. „Meine Frau ist schwanger, bald kommt das Kind."

Da sah der Herbergswirt, wie traurig Maria und Josef waren und in welch großer Not sie waren. Er dachte nach.

„Wisst ihr was", rief er plötzlich, „ich habe einen Stall. Wenn ihr möchtet, könnt ihr dort übernachten."

Maria und Josef atmeten auf und dankten dem Mann. Er führte die beiden zum Stall. Dieser war nicht groß, ein Ochse war dort untergebracht. Es gab keine Möbel, nur eine Menge Stroh. Josef half Maria, es sich auf dem Stroh bequem zu machen. Und auch ihr Esel fand hier Unterschlupf.

In dieser Nacht brachte Maria ihren Sohn auf die Welt. Sie legte ihn in eine Krippe aus Stroh. Es war eine besondere Nacht.

„Zum Glück ist alles gut ausgegangen", seufzte Maria erleichtert und Josef nickte.

Sie streichelten das Baby in der Krippe und ließen es keine Sekunde aus den Augen. So schön war es! Und wie friedlich es aussah. Auch der Ochs und der Esel standen neben der Krippe und betrachteten Jesus stumm. Maria fiel ein, was der Engel zu ihr gesagt hatte: „Fürchte dich nicht." Er hatte recht behalten. Gott hatte sie nicht im Stich gelassen. Sie dankte ihm dafür.

Die Hirten waren mit ihren Schafen und Ziegen auf den Feldern vor der Stadt. Sie wachten abwechselnd, damit sich kein Raubtier der Herde näherte. Da kam plötzlich ein helles Licht zu ihnen. Die Hirten erschraken sehr. Vor ihnen stand ein Engel.

„Fürchtet euch nicht", sprach der Engel zu den verängstigten Hirten. „Heute Nacht ist etwas Wundervolles geschehen. Der Messias, der Retter, wurde geboren. Ihr werdet das Kind in einer Krippe im Stall finden."

Die Hirten machten sich sofort auf den Weg, um Jesus zu suchen.

Über dem Stall stand ein außergewöhnlicher Stern mit einem langen Schweif am Himmel. Der Stern leuchtete besonders hell und war von weither zu sehen. Da wussten die Hirten, dass sie hier richtig sein mussten. Voll Freude, aber auch ein bisschen aufgeregt, gingen sie in den Stall, um Jesus zu besuchen.

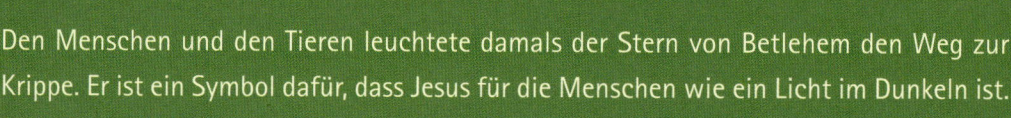

Stern über Betlehem

Den Menschen und den Tieren leuchtete damals der Stern von Betlehem den Weg zur Krippe. Er ist ein Symbol dafür, dass Jesus für die Menschen wie ein Licht im Dunkeln ist. Er schenkt Hoffnung und zeigt auch uns den Weg.

Stern über Betlehem

Es · Cm · Fm · B

1. Stern ü-ber Bet-le-hem, zeig uns den Weg,
2. Stern ü-ber Bet-le-hem, nun bleibst du steh'n
3. Stern ü-ber Bet-le-hem, wir sind am Ziel,
4. Stern ü-ber Bet-le-hem, kehr'n wir zu-rück,

Es · Cm · As · Gm

führ uns zur Krip-pe hin, zeig, wo sie steht,
und lässt uns al-le das Wun-der hier seh'n,
denn die-ser ar-me Stall birgt doch so viel!
steht noch dein hel-ler Schein in un-serm Blick,

Cm · Gm · Cm · As · B

leuch-te du uns vo-ran, bis wir dort sind,
das da ge-sche-hen, was nie-mand ge-dacht,
Du hast uns her-ge-führt, wir dan-ken dir,
und was uns froh ge-macht, tei-len wir aus,

Es · Cm · As · Es

Stern ü-ber Bet-le-hem, führ uns zum Kind!
Stern ü-ber Bet-le-hem, in die-ser Nacht.
Stern ü-ber Bet-le-hem, wir blei-ben hier!
Stern ü-ber Bet-le-hem, schein auch zu Haus.

Text und Melodie: Alfred Hans Zoller / © Gustav Bosse Verlag, Kassel

Wie lange dauert Weihnachten?

Sarah kann es kaum erwarten: Heute Nachmittag kommt Noah zu ihr zu Besuch! Noah geht mit ihr in den Kindergarten und wohnt nur ein paar Straßen weiter. Als sie heute Vormittag im Kindergarten erzählt hat, dass sie zu Weihnachten einen riesigen Plüsch-Pandabären bekommen hatte, hat Noah gerufen: „Den muss ich unbedingt sehen!"

Endlich klingelt es.

Schnell öffnet Sarah die Tür und lässt Noah herein. Noch während er seine Jacke auszieht, erzählt sie aufgeregt: „Mama hat für uns einen Schokoladenkuchen gebacken!"

„Lecker!", freut sich Noah. Er leckt sich die Lippen. Er ist schon öfter bei Sarah gewesen und kennt die Wohnung. Doch als sie jetzt das Wohnzimmer betreten, bleibt er mit großen Augen wie angewurzelt vor dem Christbaum stehen. Dann entdeckt er die Weihnachtskrippe und seine Augen werden noch ein bisschen größer.

„Habt ihr die Weihnachtsdekoration noch gar nicht weggeräumt?", fragt er erstaunt. „Weihnachten ist doch schon lange vorbei."

Sarah denkt nach. Seit Heiligabend sind inzwischen wirklich einige Tagen vergangen. Sie haben Silvester gefeiert, sich alles Gute zum neuen Jahr gewünscht und jetzt ist Januar. Der Kindergarten hat schon wieder angefangen.

„Unseren Christbaum haben wir noch vor Silvester abgebaut", erinnert sich Noah, „und auch alle anderen Weihnachtssachen sind schon längst wieder im Keller verstaut."

Sarah kann vom Christbaum und der Weihnachtskrippe gar nicht genug bekommen. Es stört sie überhaupt nicht, dass sie noch immer im Wohnzimmer sind. Von ihr aus könnten sie bis zum Sommer stehen bleiben! Darum hat sie sich bisher auch nie darüber gewundert, warum alle Weihnachtssachen noch da sind. Aber jetzt …Warum hat Mama alles stehen lassen? Sie ist doch sonst immer so schnell, wenn es ums Aufräumen geht.

Der Teppich unter dem Baum ist inzwischen von Tannennadeln übersät. So viele hat der Baum schon verloren. Jetzt, wo sie den Baum genauer ansieht, fällt ihr auf, dass er auch gar nicht mehr so schön aussieht wie am Heiligen Abend.

„Wahrscheinlich hat Mama den Baum ganz vergessen", grübelt Sarah laut.

Noah hat eine Idee: „Wir können ja jetzt alles gemeinsam wegräumen. Ich helfe dir gerne dabei."

Warum nicht? Mama freut sich bestimmt, wenn Sarah und Noah alles versorgen und sauber machen. Dann hat sie keine Arbeit mehr. Sarah zeigt zur Spitze der Tanne.

„Aber wir kommen doch gar nicht so weit hinauf."

„Das wird schon irgendwie gehen", sagt Noah.

Sarah zieht die leere Kartonschachtel hinter dem Sofa hervor. Darin verstauen sie den Christbaumschmuck. Vorsichtig nehmen sie Kugel für Kugel von den Zweigen.

Da kommt Sarahs Mama ins Wohnzimmer. In den Händen hält sie ein Tablett mit dem Schokoladenkuchen. „Was macht ihr denn da?", fragt sie überrascht.

„Wir machen die Weihnachtsdekoration ab", erklärt Sarah, und Noah ergänzt: „Weihnachten ist doch schon lange vorbei!"

„Aber doch noch nicht heute", erwidert Mama. „Erst morgen, an Dreikönig. Erst dann ist die Weihnachtszeit zu Ende."

Die Kinder schauen sie verwirrt an. „Es ist noch immer Weihnachten?", fragt Noah und sieht Sarahs Mama verwirrt an. Will sie ihn auf den Arm nehmen?

„Weihnachten ist ein so schönes und wichtiges Fest. Da wäre es doch schade, es nur an einem Tag zu feiern", sagt Sarahs Mama. „Deshalb wird in der Kirche fast zwei Wochen lang Weihnachten gefeiert."

„So lange?", fragen die Kinder wie aus einem Mund.

Aber Sarahs Mama erzählt schon weiter: „Früher feierte man sogar noch länger Weihnachten. Die Weihnachtszeit dauerte bis Maria Lichtmess im Februar, also mehrere Wochen!"

Sarah und Noah sehen Mama mit großen Augen an. „Aber draußen auf der Straße wurde die Weihnachtsbeleuchtung doch schon vor ein paar Tagen abgenommen. Und auch in den Geschäften sieht es überhaupt nicht mehr weihnachtlich aus."

Sarahs Mama nickt. „Leider nehmen sich die Menschen nicht einmal mehr genug Zeit für Weihnachten. Damals waren für die Menschen die

Weil Weihnachten weiterwirkt – Der heilige Stephanus

Tage der Weihnachtszeit auch noch etwas Besonderes. Sie haben sich auch viele Tage nach Weihnachten noch über die Geburt von Jesus gefreut. Heute kommt es einem so vor, als ob sie es schon ein paar Tage danach wieder total vergessen haben, einfach abgehakt und alles ist wieder wie immer. Denn sie bereiten sich dann schon auf das nächste Ereignis vor: Silvester und das neue Jahr." Sie kniet sich mit den beiden Kindern vor die Krippe. „Dabei sind ja noch gar nicht alle bei Jesus eingetroffen", sagt sie. „Wisst ihr, wer noch fehlt?"

Sarah und Noah brauchen nicht lange zu überlegen: „Die Könige!"

Sarahs Mama nickt. „Genau, die gehören auch zur Weihnachtsgeschichte. Aber den Tag der Heiligen Drei Könige feiern wir erst morgen. Erst dann kommen sie im Stall von Betlehem an."

Jetzt ist Sarah richtig glücklich, dass es wenigstens bei ihnen noch richtig weihnachtlich ist. Aber Noah macht ein trauriges Gesicht.

„Schade, dass bei uns zu Hause Weihnachten schon vorbei ist."

„Aber das hängt doch nicht nur vom Weihnachtsbaum ab", versucht Sarahs Mama ihn aufzumuntern. „Es kommt darauf an, ob wir die Weihnachtsfreude im Herzen tragen."

Doch das muntert Noah nicht sonderlich auf. Wenn er ehrlich ist, weiß er auch nicht, was eine Weihnachtsfreude im Herzen sein soll. Das klingt irgendwie kompliziert.

Da hat Sarah eine Idee: „Ich begleite dich nach Hause und dann bauen wir den Weihnachtsbaum und alle anderen Dekorationen einfach wieder auf."

Noah schüttelt den Kopf. „Meine Mama würde es uns nie erlauben, nochmals alle Schachteln aus dem Keller hervorzukramen. Und den Weihnachtsbaum haben wir auch schon längst entsorgt."

Der kirchliche Jahreskreis

Anders als im normalen Kalender beginnt das liturgische Jahr der Kirchen bereits im Advent. Die Weihnachtszeit umfasst die Adventssonntage bis zum Fest Erscheinung des Herrn, bekannter als Dreikönigstag. Mit dem ersten Sonntag nach dem 6. Januar beginnt der normale Jahreskreis, bis mit dem Aschermittwoch der Osterfestkreis beginnt. Er umfasst die Sonntage der Fastenzeit, Palmsonntag, Gründonnerstag, Karfreitag, Ostern und dann die Sonntage bis Pfingsten.

Maria Lichtmess, eigentlich das Fest „Darstellung des Herrn" am 2. Februar, war bis zur Liturgiereform des Zweiten Vatikanischen Konzils das Ende der Weihnachtszeit in der katholischen Kirche. Es ist genau 40 Tage nach Weihnachten und geht auf die alttestamentliche Vorschrift zurück, 40 Tage nach der Geburt eines Sohnes ein Opfer darzubringen als Reinigung für die Mutter.

Jesus galt nach dem alttestamentlichen Gesetz, der Tora, als erstgeborener Sohn des Volkes Israel als Eigentum Gottes. Das geht zurück auf die Zeit vom Auszug der Israeliten aus Ägypten, als Gott das Volk Israel unter seinen besonderen Schutz stellte. Darum wurde auch Jesus als Kind jüdischer Eltern im Tempel an Gott übergeben („dargestellt"), es gab besondere Dankgebete und die Eltern opferten Geld, um ihn auszulösen. Im traditionellen Judentum gibt es diesen Brauch bis heute.

Sarah will nicht, dass Noah so traurig ist. Und auch Mama denkt angestrengt nach.

„Ich weiß was", sagt sie plötzlich und läuft schnell in die Küche. Sie kommt mit einer Schachtel in der Hand wieder ins Zimmer. Die Schachtel kennt Sarah gut. Darin bewahren sie die Krippenfiguren auf. Jetzt sind nur noch drei Figuren darin – die Heiligen Drei Könige. Sarahs Mama nimmt einen davon heraus und gibt ihn Noah: „Den kannst du zu Hause in deinem Zimmer aufstellen. Es ist zwar nur etwas Kleines, aber dann ist auch bei euch trotzdem noch ein bisschen Weihnachten."

Noahs Gesicht hellt sich auf.

„Und jetzt haben wir uns alle erst Mal ein Stück Schokoladenkuchen verdient", sagt Sarahs Mama. Sofort setzen sich die Kinder an den Tisch und warten, dass sie ihnen ein Stück abschneidet.

Stephanus hält zu Jesus

Auf dem Marktplatz von Jerusalem waren viele Menschen zusammengekommen. Sie drängelten sich alle um Stephanus. Sie wollten mitbekommen, was er sagte.

„Jesus ist ein ganz besonderer Mensch gewesen", erzählte er, „er hat allen geholfen, Kranke geheilt und Armen etwas zum Essen gegeben."

Stephanus war von Jesus beeindruckt. Auch er, Stephanus, war als Diakon der Jerusalemer Urgemeinde für alle da, denen es nicht gut ging: Er brachte Essen zu den Armen, er heiterte die Traurigen auf und er besuchte Menschen, die einsam waren. Überall berichtete er von Jesus. Er versuchte, andere zu ermuntern, wie Jesus zu leben.

Stephanus' Arbeit und vor allem seine Predigt von Jesus, der große Zuwachs, den die neue Gemeinde fand – all das kam bei den Mächtigen in Jerusalem nicht gut an. Sie bekamen immer mehr Angst, ihren Reichtum und ihre Macht zu verlieren. Auch heute standen etwas abseits vom Marktplatz ein paar Männer, die mit bösen Blicken Stephanus und seine Zuhörer beobachteten.

„Wir haben genug von deinen Geschichten über Jesus!", riefen sie Stephanus wütend zu.

Eines Tages musste Stephanus zum Hohepriester kommen. Stephanus wurde angeklagt, dass er gegen Mose und falsch über Gott geredet hat. Seine Gegner hatten auch andere Leute angestiftet, gegen Stephanus auszusagen.

„Er hat gesagt, dass Jesus den Tempel zerstören wird", rief einer.

„Er hat angekündigt, die Bräuche unserer Religion ändern zu wollen", ein anderer.

„Er ist gegen unser heiliges Gesetz", rief da noch einer.

Das waren schwere Vorwürfe! Der Tempel war der Ort, den Gott seinem Volk Israel geschenkt hat, damit sie ihn dort verehren können. Denn Gott hat seinem Volk versprochen, in seinem Tempel zu wohnen und seinem Volk hier ganz nahe zu sein. Solche Reden waren also wirklich keine Kleinigkeit! Und erst die Anmaßung, Jesus als Sohn Gottes zu bezeichnen, als den Messias, den Heilsbringer für das Volk Israel, von dem die alten Schriften erzählten. Schon länger waren die Christen dem Hohepriester auch dadurch aufgefallen, dass sie sich wie Jesus nicht an die Gesetze der Juden hielten. Sie setzten einfach außer Kraft, was Gott seinem Volk an Pflichten dafür aufgegeben hat, dass er es beschützen wollte. Und dennoch behaupteten sie hartnäckig, genau diesem Gott zu dienen. Und dass er in Jesus den Messias gesandt hat, um sein Volk zu einen.

Der Hohepriester erhob sich und schaute Stephanus an: „Was hast du zu diesen Vorwürfen zu sagen?"

Als Stephanus vor dem Richter stand, hatte er keine Angst. „Ich erzähle nur, wie groß Gott ist, dass er die Menschen liebt und dass wir auf ihn vertrauen dürfen", sagte er. Die Worte kamen wie von allein aus seinem Mund. Da spürte Stephanus, dass Gott bei ihm war und ihn nicht allein lassen würde. Stephanus sprach lange. Und er konnte seine Rede mit vielen Stellen aus der heiligen Schrift belegen. Schließlich warf er sogar ihnen vor, dass sie selbst nicht richtig auf Gott hörten. Die Anwesenden waren empört. Was wagte

Der heilige Stephanus

Auch wenn er im allgemeinen Sprachgebrauch meist als „zweiter Weihnachtsfeiertag"
gilt – der 26. Dezember ist der Gedenktag des heiligen Stephanus.

Der heilige Stephanus war ein Diakon der Jerusalemer Urgemeinde und gilt als erster
christlicher Märtyrer. Märtyrer werden die Männer und Frauen genannt, die mit ihrem
ganzen Leben zu ihrer Überzeugung und ihrem Glauben stehen – auch wenn dadurch ihr
Leben in Gefahr gerät. Das Martyrium des heiligen Stephanus ist in der Apostelgeschich-
te in der Bibel beschrieben.

Heute wird an diesem Tag besonders an die verfolgten Christen in unserer Gegenwart
gedacht. Denn wie zur Zeit von Stephanus gibt es auch heute Menschen, die aufgrund
ihres Glaubens benachteiligt, verfolgt oder sogar getötet werden. Stephanus kann heute
für Kinder, Jugendliche und Erwachsene ein Vorbild sein, weil er den Mut hatte, seine
eigene Meinung zu äußern und zu dem zu stehen, was ihm wichtig war.

sich der! Sie schrien und schimpften laut. Doch Stephanus redete weiter:
„Ich sehe den Himmel offen …"

Da hatten sie genug. Er lästerte über Gott! Das durfte niemand! Sie gingen gemeinsam auf Stephanus los und trieben ihn vor die Stadt. Immer
noch waren die Menschen sehr wütend über seine Reden. Da hob jemand
einen Stein vom Boden auf und warf ihn auf Stephanus. Stephanus konnte
gerade noch ausweichen, doch da flogen schon ein zweiter und ein dritter
Stein. Viele Anwesende griffen plötzlich nach Steinen und warfen sie von
allen Seiten, sodass Stephanus nicht entkommen konnte. Stephanus fiel zu
Boden.

Kurz bevor er starb, betete er laut zu Gott: „Herr, vergib ihnen."

Fest der unschuldigen Kinder

Weihnachten ist ein Fest der Familie – auch in den kirchlichen Festen. Am 24./25. Dezember steht ebenso wie in katholischen Gemeinden am ersten Sonntag nach Weihnachten die Heilige Familie im Mittelpunkt des Festes. Mit dem Stephanustag am 26. und dem Festtag für Johannes den Evangelisten am 27. Dezember rückt die christliche Familie, die Gefährten und Nachfolger Jesu in den Mittelpunkt. Ein besonderes Fest wird am 28. Dezember gefeiert: das Fest der unschuldigen Kinder. Früher gab es in den Klöstern den Brauch, dass an diesem Tag ein Kinderabt eingesetzt wurde, der das Kloster leitete.

Der Tag der unschuldigen Kinder erinnert an den Kindermord in Betlehem, der in der Bibel im Matthäus-Evangelium (Kapitel 2) überliefert ist: Als König Herodes von Jesu Geburt erfuhr, bekam er Angst, seine Macht und sein Ansehen zu verlieren. Er wollte verhindern, dass Jesus tatsächlich zum König gekrönt und für ihn dadurch zur Gefahr wurde. Da er nicht wusste, wo sich Jesus aufhielt, beauftragte er seine Diener, alle Jungen in der Stadt, die jünger als zwei Jahre waren, zu töten.

Heute ist es ein weitverbreiteter Brauch, am 28. Dezember in der Kirche die Kinder zu segnen. Dabei bitten alle Gott um seinen Segen und seinen Schutz für die Kinder. Dieser Brauch soll in Erinnerung rufen, dass Gott jedes Kind liebt und behütet. Denn gerade Kinder sind besonders verletzbar und auf Schutz angewiesen. So wird an diesem Tag auch an all die Kinder gedacht, die heute unter Gewalt, Krieg, Armut und Ausbeutung leiden.

Das lateinische Wort für segnen ist „benedicere" – wenn man es wörtlich übersetzt, so heißt es im Grunde „sich Gutes zusagen". Einander Gutes wünschen, sich zusagen, was man sich für den anderen erhofft oder wofür man Gott für den anderen bittet – dieses schöne Zeichen der Verbundenheit und der Sorge füreinander hat nicht nur in der Kirche oder dem Gottesdienst seinen Platz. Segnen kann jeder, zu Hause und überall.

Segensgebet

*Gott segne und behüte dich,
er möge immer bei dir sein,
an jedem Tag und in jeder Nacht.*

*Er möge seine schützende Hand über dich halten
und jeden deiner Schritte begleiten,
sodass du dich nie zu fürchten brauchst.
Amen.*

Finn hilft den Königen

Finn liegt im Wohnzimmer auf dem Teppich und blättert in einem lustigen Bilderbuch. Da klingelt es an der Tür. Er springt auf und blickt aus dem Fenster. Draußen stehen drei Könige! Alle drei tragen eine goldene Krone und ganz besondere Kleider. Sie sehen wie große Stoffumhänge aus.

„Mama!", ruft er aufgeregt.

Seine Mama kommt die Treppe herunter. „Wer hat geklingelt?", fragt sie und geht in Richtung Türe.

„Draußen stehen drei Könige!", flüstert Finn. „Was wollen die bei uns?"

Mama lächelt. „Warum fragst du sie das nicht gleich selber?"

Sie will die Tür öffnen, doch Finn stellt sich ihr in den Weg.

„Wir kennen sie doch gar nicht …" Mama weiß ja gar nicht, wie merkwürdig die Könige aussehen! Doch da hat Mama die Tür schon aufgemacht.

„Wie schön, wir haben Besuch! Kommt doch herein!", ruft sie.

Finn sieht Mama verwirrt an: Warum lässt sie die Könige einfach so herein?

Die Könige betreten das Haus. Erst jetzt sieht Finn, dass es Kinder sind. Sie tragen selbst gebastelte Kronen auf dem Kopf, haben lange Gewänder und Umhänge an. Und sie sind nicht allein unterwegs! Ein Kind trägt einen Stab, an dem ein großer Stern befestigt ist. Außerdem ist noch eine ältere Frau dabei. Sie lächelt Finn zu.

„Unsere Besucher frieren bestimmt. Wollen wir ihnen nicht eine Tasse Tee anbieten?", fragt Mama an Finn gewandt. „Zeigst du ihnen das Wohnzimmer?"

Finn geht zögernd voraus, die anderen folgen ihm.

„Ihr habt es hier aber gemütlich", sagt die ältere Frau freundlich zu Finn.

Das Kind, das den Stern trägt, lehnt den Stab an die Wand und lässt sich aufs Sofa plumpsen.

„Endlich können wir uns aufwärmen", freut sich einer der Könige.

„Weißt du, wer wir sind?", will der König, der ein blaues Gewand trägt, wissen.

„Könige?", sagt Finn fragend.

Alle schmunzeln.

„Wir sind die Sternsinger", erklärt der zweite König. Dessen Gewand ist grün. „Ich bin Balthasar." Er zeigt auf seine Begleiter: „Und das sind Melchior und Caspar. Wir ziehen heute, am 6. Januar von Haus zu Haus und wollen Gott um seinen Segen bitten."

„Und wir sammeln Geld für Kinder, denen es nicht so gut geht", ergänzt Caspar.

Endlich kommt Finns Mama ins Wohnzimmer. Sie trägt ein Tablett herein. Dampf steigt aus den Teetassen auf. Alle nehmen sich sofort eine Tasse und wärmen ihre Finger daran.

„Haben sich die Könige schon vorgestellt?", will Finns Mama lächelnd wissen. Finn nickt.

Die ältere Frau erzählt weiter: „Wir erinnern die Menschen an die Könige aus der Bibel. Auch sie haben eine weite Reise auf sich genommen, um nach Betlehem zu Jesus zu gelangen."

Als die Sternsinger die Tassen leer getrunken haben, singen sie Finn und seiner Mama ein Sternsingerlied vor und sagen noch Sprüche auf. Dann gehen sie zur Tür. Melchior schreibt mit einer Kreide Zahlen und die Buchstaben C, M und B, außerdem einen Stern und drei kleine Kreuze darauf. Finn betrachtet verwundert abwechselnd die Zeichen auf der Tür und Mama, die seelenruhig zuschaut, wie die Sternsinger auf die Tür schreiben. Ihm würde sie das nie erlauben!

Die ältere Frau lächelt ihm zu und erklärt: „Das ist der Sternsingersegen. Die Zahlen sind unsere Jahreszahl. Die Buchstaben sind eine Abkürzung für den lateinischen Segen ‚Christus mansionem benedicat‘. Das heißt: ‚Christus segne dieses Haus‘. Der Stern steht für den Stern, der die Weisen zur Krippe geführt hat. Und die drei Kreuze bezeichnen den Segensabschluss: ‚Im Namen des Vaters und des Sohnes und des Heiligen Geistes.‘ So bitten die Sternsinger um Gottes Segen und Frieden für die Menschen, die hier wohnen."

Die Sternsinger bedanken sich für den Tee und wollen sich gerade auf den Weg machen, als die Frau mit den grauen Haaren ruft: „Wo ist Marie?"

Erst jetzt fällt es auch den anderen auf: Marie ist noch immer im Wohnzimmer. Sie liegt auf dem Sofa und ruht sich aus.

„Müssen wir noch viele Häuser besuchen?", jammert sie.

„Wir haben doch erst angefangen", sagt Melchior.

Die Sternsinger

In ganz Europa sind um den 6. Januar herum Kinder und Jugendliche als Sternsinger unterwegs. In manchen Pfarreien muss man sich anmelden, wenn man von einer Sternsingergruppe besucht werden möchte, in anderen Gegenden ziehen die Sternsinger von Tür zu Tür.

Der Brauch reicht bis ins Mittelalter zurück. Schon damals spielten Kinder den Zug der drei Könige zum Stall nach. In Deutschland hat im Jahr 1958 das Kindermissionswerk diesen Brauch aufgenommen und ihn als „Aktion Dreikönigssingen" mit einem neuen Ziel verbunden: Die Sternsinger sammeln Geld für Not leidende Kinder in der ganzen Welt, die durch jährlich wechselnde Hilfsprojekte unterstützt werden.

Heute sind die Sternsinger eine der größten Hilfsaktionen von Kindern für Kinder.

„Aber mir ist kalt und die Füße tun mir weh!", beklagt sich das Mädchen. „Könnt ihr nicht ohne mich weitergehen?"

Alle Könige schütteln den Kopf. „Die Sternsinger ohne Stern – das geht doch nicht!"

Da hat Caspar eine Idee. Er schaut Finn an. „Kannst du für Marie einspringen?"

Finn sieht zu seiner Mama. Diese nickt. „Wenn du möchtest, darfst du sie ein Stück begleiten."

Doch Melchior protestiert: „Das geht doch nicht, er ist viel zu klein. Der Stern ist zu schwer für ihn."

Caspar widerspricht: „Es ist doch niemand zu klein, um anderen zu helfen." Er zwinkert Finn zu. „Und wenn es zu anstrengend wird, tragen wir zwischendurch den Stern für dich."

Und so zieht Finn mit den Sternsingern los. Er gibt gut darauf acht, dass der Stern nicht zu sehr schaukelt oder auf die Straße fällt. Jetzt kann er den Königen helfen, den Frieden in andere Häuser zu bringen.

Die Sterndeuter folgen dem Stern

Wie schön am dunklen Himmel die Sterne funkelten! Irgendwo weit weg von Betlehem, am Rand einer Wüste, stand Caspar auf dem Dach seines Palastes und betrachtete den Himmel über sich. Das tat er jeden Abend, bevor er ins Bett ging. Er wusste gut über die Sterne Bescheid. Fast jeden von ihnen kannte er mit Namen. Er war immer wieder neu von den vielen Sternbildern begeistert.

Plötzlich runzelte er die Stirn und kniff die Augen zusammen. Da war doch etwas anders als sonst! Was war das? Da leuchtete ein Stern, den er vorher noch nie gesehen hatte. Es war ein besonderer Stern. Er hatte einen langen Schweif und war viel heller als die anderen Sterne. Sie sahen neben ihm ziemlich blass aus. Caspar wurde nervös. Er spazierte auf dem Dach auf und ab und ließ den unbekannten Stern nicht aus den Augen. Konnte es wirklich sein, dass …? Er beschloss, ins Bett zu gehen und den nächsten Abend abzuwarten. Aber auch in der nächsten Nacht war der besondere Stern am dunklen Himmel zu sehen.

Aufgeregt ließ Caspar seine Diener kommen und bat sie: „Ruft meine Freunde Melchior und Balthasar zu mir!"

Die beiden waren Sterndeuter wie er. Auch sie kannten sich mit allen Sternen am Himmel gut aus. Sie trafen sich oft, um miteinander über die

Die Sterndeuter

Der Evangelist Matthäus erzählt von Sterndeutern, die einem Stern folgten und dem Jesuskind wertvolle Geschenke brachten. In der Tradition wurden daraus drei Könige, sie bekamen sogar Namen: Caspar, Melchior und Balthasar.

Die Geschenke, die sie nach Matthäus mitbrachten, waren Gold, Weihrauch und Myrrhe. Dabei handelt es sich um drei symbolische Gaben, mit denen Matthäus zeigen wollte: Jesus war der Sohn Gottes. Deshalb brachten sie ihm besondere Kostbarkeiten: Gold, wie es sonst nur Könige bekommen. Myrrhe, die als Heilpflanze darauf hinweist, dass Jesus der Heiland ist, also der, der alle heilt. Und der Weihrauch, der im Gottesdienst verwendet wird.

Sterne zu sprechen. Es dauerte nicht lange, bis die beiden Caspars Palast erreichten.

„Wir haben diesen Stern auch schon entdeckt", erzählte Melchior. Er war genauso aufgeregt wie Caspar.

Balthasar ergänzte: „Ihr wisst, was dieser Stern bedeutet: Ein besonderer König wurde geboren. Er wird der Welt den Frieden bringen. Der Stern weist uns den Weg zu ihm. Wir wollen dem Stern folgen und ihn suchen."

Sie beschlossen, keine Zeit zu verlieren und noch in dieser Nacht aufzubrechen.

So aufgeregt, wie sie waren, hätten sie sowieso kein Auge mehr zugetan. Die Diener bereiteten das Gepäck vor und holten die Kamele.

Doch da rief Melchior: „Wir können doch nicht ohne Geschenk auftauchen. Wir müssen etwas mitbringen."

Sie waren sich sofort einig: Es sollten besondere Geschenke sein.

Melchior ließ eine Truhe mit Myrrhe füllen. „Myrrhe ist eine wertvolle Medizin, die gegen viele Krankheiten hilft", sagte er.

Balthasar ließ Weihrauch einpacken. „Auch der Weihrauch ist kostbar. Er wird in den Tempeln zur Ehre Gottes verbrannt. Und der feine Duft ist beruhigend."

Caspar steckte Gold in sein Gepäck.

So machten sie sich auf die weite Reise. Der Weg führte sie durch mehrere Wüsten, über hohe Berge und an Seen vorbei. Der Stern leuchtete ihnen stets den Weg. Sie rasteten am Tag und reisten bei Nacht, wenn der Stern hell am Himmel stand. Die Vorfreude der Sterndeuter wurde immer größer, je länger sie dem Stern folgten. Was würde sie wohl erwarten?

Nach vielen Tagen erreichten sie Betlehem. Der Stern stand hell über einem Stall. Die Sterndeuter wunderten sich. So ein kleines Dorf? Nur ein Stall? Aber der Stern war eindeutig! Also stiegen sie von ihren Kamelen und schüttelten sich den Staub von den Kleidern. Ehrfürchtig betraten sie den Stall, wo sie ein Kind in einer Futterkrippe sahen.

Die Eltern schauten den Fremden verwundert entgegen. Die traten zögernd vor. Alles war ganz anders, als sie es erwartet hatten, und doch – sie alle hatten das sichere Gefühl, hier genau richtig zu sein. Sie lächelten sich zu und ohne ein Wort zu wechseln – sie wollten ja das Kind nicht wecken – wussten sie, dass die jeweils anderen genauso fühlten. Die Sterndeuter legten die Geschenke auf den Boden und betrachteten das Kind. Wie friedlich es schlief! Was es wohl gerade träumte?

Die drei Sterndeuter waren glücklich, dass sie die abenteuerliche Reise auf sich genommen hatten. Einige Zeit knieten sie einfach nur da und ließen Jesus nicht aus den Augen. Maria und Josef, die neben der Krippe saßen, staunten über die drei Männer und die Geschenke. Es war ihren

Dreikönigskuchen nach dem eigenen Lieblingsrezept

In vielen Ländern gibt es die Tradition des Dreikönigskuchens, der zum Dreikönigstag gegessen wird. Die sehr unterschiedlichen Rezepte haben gemeinsam, dass eine Bohne, eine Mandel, eine Münze oder eine Königsfigur aus Porzellan eingebacken wird. Wer diese in seinem Stück findet, ist für einen Tag König.

Für einen Familien-Dreikönigskuchen braucht es nicht viel. Man kann einfach den Lieblingskuchen in einer runden Springform backen. Nicht vergessen, den backfesten Gegenstand in den Teig zu geben! Während der Kuchen backt, ist Zeit, eine Krone zu basteln, die nach dem Abkühlen auf den Kuchen gesetzt wird. Jetzt wird es spannend: Wer ist wohl der König dieses Tages?

Gewändern anzusehen, dass sie von weit her kamen. Und obwohl sie verschiedene Sprachen sprachen – vor der Krippe brauchte es keine Worte, um zu verstehen, dass Gott in Jesus Großes für die Menschen getan hat.

Das Kirchenjahr im Überblick

Das Kirchenjahr richtet sich nicht nach Monaten oder Jahreszeiten. Es orientiert sich an wiederkehrenden Festkreisen und Festtagen. Das Kirchenjahr beginnt am ersten Advent.

Der weihnachtliche Festkreis

Vier Adventssonntage

Heiliger Abend

Weihnachten

Stephanustag / Zweiter Weihnachtsfeiertag

Fest der Heiligen Familie

Silvestertag / Jahresschluss

Hochfest der Gottesmutter Maria / Neujahr

Heilige Drei Könige / Erscheinung des Herrn / Epiphanias

Taufe des Herrn und Sonntage im Jahreskreis / Sonntage nach Epiphanias

Darstellung des Herrn

Der österliche Festkreis

Aschermittwoch

Fünf Fastensonntage

Palmsonntag

Gründonnerstag

Karfreitag

Ostern

Sonntage der Osterzeit

Christi Himmelfahrt

Pfingsten

Weitere Feste im Jahreskreis / Trinitatiskreis:

Dreifaltigkeitssonntag / Trinitatis (erster Sonntag nach Pfingsten)

(k) Fronleichnam (Donnerstag nach dem Dreifaltigkeitssonntag)

(k) Mariä Aufnahme in den Himmel (15. August)

(e) Reformationstag (31. Oktober)

(k) Allerheiligen (1. November)

(k) Allerseelen (2. November)

(k) Christkönig / (e) Ewigkeitssonntag (letzter Sonntag des Jahres)

k = ein katholischer Feiertag
e = ein evangelischer/protestantischer Feiertag

© privat

Der Autor **Stephan Sigg,** geb. 1983, hat in Chur Theologie studiert und arbeitet heute als Autor und Journalist. Er schreibt nicht nur Kinder- und Jugendbücher, sondern auch Sach- und Fachbücher sowie Lehrmittel. Wenn er nicht gerade auf Lesereise oder bei Schreibworkshops und auf Fortbildungen ist, lebt er in St. Gallen in der Schweiz.

Die Illustratorin **Sonja Egger,** geb. 1967, lebt mit Mann und Maus in Wien. Sie hat Bühnenbild studiert, dann einige Jahre im Büro gearbeitet, um sich 2001 erfolgreich als Illustratorin für Kinder- und Jugendbücher selbstständig zu machen.

© privat